OSAMU TEZUKA
(1928—1989)

目 录

序章　开场很难写 —————————————— 1
　　从结论讲起　/ 3
　　《铁臂阿童木》是三流漫画？　/ 5

1　自暴自弃的少年时代 ————————————— 11
　　我为戏剧狂　/ 13
　　天文学入门　/ 17
　　治虫昆虫记　/ 20
　　与动画的相遇　/ 23
　　我的落语修行　/ 28
　　强制修炼所的日子　/ 32
　　战争和漫画　/ 35

2　废墟众生相 ————————————————— 39
　　战后众生相　/ 41
　　创立漫画集团　/ 47
　　黑市与梦想　/ 49

处女作《小马日记》 / 53

各自的青春 / 56

3 再生纸文化 —————————————— 61

《漫画少年》创刊 / 63

讽刺杂志《先锋》 / 68

马场登的转行之旅 / 70

南部正太郎和关西的漫画家们 / 74

创作《新宝岛》 / 81

赤本漫画热潮 / 84

医生与漫画家 / 88

独立漫画派的诞生 / 95

废墟与漫画家们 / 98

4 漫画少年的胸怀 —————————————— 105

国产动画的黎明 / 107

福井英一和马场登 / 111

电影和漫画的奇妙关系 / 116

我的明星系统 / 121

《未来世界》与《森林大帝》 / 125

与《漫画少年》的相遇 / 129

新人漫画家崭露头角 / 132

《铁臂阿童木》的诞生　/ 136

　　编辑残酷物语　/ 141

5　儿漫长屋绅士录 ———————————— 145

　　儿童漫画家沙龙　/ 147

　　儿童漫画家的梦想与现实　/ 156

　　《毛栗君》大获成功　/ 158

　　福井英一之死　/ 162

　　《赤胴铃之助》登场　/ 164

　　《漫画读本》与漫画热潮　/ 166

　　漫画庄的房客　/ 169

　　《莱欧物语》和漫画批判　/ 175

　　《漫画少年》停刊　/ 181

6　战后第二阶段 ——————————————— 183

　　日本动画起航　/ 185

　　剧画缘起　/ 190

　　我结婚了　/ 198

　　日本科幻作品的发展　/ 201

　　白土三平登场　/ 208

　　长篇动画《西游记》/ 211

7 拼死努力的季节 —————————— 215
　　创立虫制作　/ 217
　　电视动画《铁臂阿童木》　/ 221
　　疯狂的电视动画热潮　/ 225
　　阿童木，飞往美国　/ 230
　　Astro Boy 诞生　/ 232
　　斯坦利·库布里克的来信　/ 237

终章　荆棘与泥沼 —————————— 243
　　会面迪士尼　/ 245
　　新的开拓梦　/ 247
　　后记也很难写　/ 250
　　新版后记　/ 252

附录　我的漫画记 —————————— 255

《我是漫画家》解说 —————————— 377

手冢治虫年表 —————————— 381

序章

开场很难写

从结论讲起

终于，我完成了这部拙劣的自传。感谢你们读完这本书。

旧版出版至今已过了十年。不，得过了一百一十年了吧，还是过了一千零一十年？这么久远的事情，现在重看就跟看科幻小说似的。

从每日新闻社辞职自己单干的石川乔司先生，他写的赛马类与评论类文章堪称当代一流，其大佬作风更为业界景仰。

就是这位石川先生邀我写自传。那个时代啊——两次安保斗争①、越南战争、淀号劫机事件②、日本世界博览会、意大利西部片、安田讲堂事件③、《丰饶之海》、去核武归还冲绳、

---

① 因反对修改《日美安全保障条约》，1959—1960年日本的进步政党、工会和学生在全国各地开展了一系列社会抗争运动。1970年围绕延长条约期限问题爆发了第二次斗争。
② 1970年3月31日，日本赤军派策划了日本航空351号班机（淀号）劫机事件。
③ 1969年1月18日—19日，全共斗占据东京大学安田讲堂，与校方和警视厅机动队产生激烈冲突。

猫乐美①、达斯汀·霍夫曼、水俣病②……还有，虫制作工作室的大危机。

所有人都在画漫画。平面设计师、作家、艺人、律师、军人、警察、学校老师……还有全国几万名青少年，作为漫画家预备军的他们创作同人志和回览志（手写、手画、独立创作的刊物，多在小范围内浏览传阅），踏踏实实、一笔一画地创作着。某些学校还将漫画作为正式的课程教授，甚至还有专门教漫画的学校。漫画家的收入普遍也很高。是那样的一个年代。

"现代人的生活既不合理又不安定，前途茫茫，不知去往何处。如何将积郁在心头的苦闷最快最清晰地向周围的人表达？恐怕还是用漫画表达最合适吧！"在这本书中，我如是写道。

漫画是虚像。

漫画是感伤。

漫画是抵抗。

漫画是自慰。

漫画是奇特。

---

① 赤冢不二夫的漫画《猛烈太郎》中的角色。
② 世界最早出现的由于工业废水排放污染造成的公害病。因首先发现于日本九州熊本县水俣湾周边地区而得名。

漫画是情绪。

漫画是破坏。

漫画是傲慢。

漫画是爱憎。

漫画是迎合。

漫画是好奇。

漫画是……

依然没有结论。

今天、明天、后天——漫画都在不断分裂、繁殖，一点点地变化着。它变化得温暾，总有一些性急的媒体想要煽风点火，希望你们少安毋躁。旧版所写的漫画界情状如今早已过时，现在这本补笔修正的新版也终将有不合时宜的一天。

毕竟这个世界的宿命，就是没有永远不变的定论。

《铁臂阿童木》是三流漫画？

纯日式的漫画现在被国际接受的大概就只有横山隆一的《小阿福》了吧。

有些漫画带着些微妙的"起司味"。B出版社办的漫画奖聚集了大量新人、老手自费出版的作品。其中有一半左右不看作者名字甚至分不清是日本漫画还是外国漫画。

与此相对，日本人画的、纯日式的、描绘日本人生活的漫画，外国人多半看不下去。似乎也不是觉得内容无趣，只是他们读不懂。而且，好像也不是因为他们对东方文化有隔膜。

如果要用一个词来形容的话，那大概就是"米糠酱味"吧。"米糠酱味"——真是一个难解的形容。和"家庭气息"不一样，它让人联想起纯日式的东西，臭臭的味噌、狭窄的和室、纤细的和魂。不知是幸还是不幸，只要是日本人，无论多么精致的绅士淑女，都莫名带有浓浓的"米糠酱味"。有时电车上能看到穿着迷你裙的女孩，乍一看挺时尚的，一瞧见膝盖就失望了。一看那膝盖就知道她长期在榻榻米上跪坐，使她整个形象都变了。这或许也算是一种"米糠酱味"吧。

具有国民性的事物可能会给别的国家带去好印象，也可能产生相反的效果。漫画就往往受到坏的影响。也就是说，外国人在体会到漫画的趣味之前，会先注意到它一些微妙的地方。

我们日本人对这些特质已经习以为常，自己意识不到。如果转换立场的话，有时就会发现其中有很大的不足。

Astro Boy（《铁臂阿童木》的美版译名）在美国播放时就发生过这样的事。

我因一些事务与住友银行纽约分行行长会面，他问我："那部 *Astro Boy* 是阁下创作的吗？"

"是啊。"我回答道。

"我可不会让我儿子看这种动画，太可怕了。"

这回答太让我意外了,我很生气地追问他为什么这么说。

"故事太残酷了,对孩子来说刺激性太强。我搞不懂电视台为什么要播这种动画。"

我备感狼狈,带着怀疑冲向NBC(美国全国广播公司)。

"的确,我们也这样认为。我们为那些早晨去教会、纯洁无垢的孩子播放电视节目。如果电视里出现拳打脚踢、欺凌杀戮的画面,孩子们的心灵会受到很大伤害。令人遗憾的是,*Astro Boy* 里有不少这样的场景。"

"可、可是《大力水手》又怎么说?主人公简直就是暴力的化身,又怎么可以向孩子们宣扬这个?"

"《大力水手》又不是什么经典动画,我可是把它当三流动画看的,根本没放在眼里。如果日本的动画创作者以它为模本创作动画,那就太可惜了。"

"有这样一个例子。澳大利亚的一位制片人带来了一个动画的样片。片子虽然做得不错,但其中有一个搞笑桥段,一个人从斜坡上摔下来撞到了告示牌,瞬间摔得粉身碎骨。这个桥段大概是从《大力水手》里获得的启发,但就是那个镜头让我们拒绝了那部片子。"

到底是NBC,虽说是民营电视台,但因为有政府资金的注入,所以有较重的半官半民色彩,就跟日本的NHK(日本广播协会)一样,他们有自己的一套规则。他们的播放规则可以说十分严苛,尤其规定儿童节目里绝对不能出现"利器"。这还是肯尼迪等一系列暗杀事件发生以前的事,现在想必管得更严了。

那么,我们再来讨论一下 Astro Boy,也就是《铁臂阿童木》什么地方比较残酷。首先,阿童木和敌方机器人战斗的时候,常把敌方机器人打得四分五裂,那场面令人难以直视。日本人会认为双方都是机器人,没关系,NBC 的论调却是这样的:"就算是机器人,但是会走路、会笑,还会握手,完全具备人格,所以我们必须把这些机器人视为活人才对。"

在《铁臂阿童木》(简称《阿童木》)第一集里,创造阿童木的天马博士因为对阿童木感到失望,将他卖给了马戏团。

"那可是贩卖人口啊,还是卖自己的儿子!"

嗯,想来美国人对于曾贩卖、奴役黑人心存内疚,因此对这类题材比较敏感,我们被牵连也正常。

此外,有争议的还有被阿童木打入大牢的坏蛋们抓住铁窗格痛哭的场景。NBC 的人说铁窗格不好,问可不可以改成手铐,改成手铐就没问题。在我们眼里,无论是铁窗格还是手铐,表达的意思都一样。这是否就是国民性差异导致的观点不同?

有一幕室内的场景,只在背景里闪过了一个裸女画像,就整段被剪掉了。抓野狗改造为生化狗的场景因为有悖爱护动物的精神也被剪了。情况就是这样。

我本以为只有美国觉得故事残酷,其他国家没有这方面的问题，没想到该作在德国和法国的国营电视台播出时也饱受争议，真让我吃惊。那些容得下法国冷笑话、意大利西部片以及战争颂歌片的同人安在？

归根结底，应该还是因为《阿童木》被分类成儿童节目。与日本不同，欧美家庭不给孩子看大人的电视节目。孩子们在看完儿童电视节目后会立即关电视。

我本以为这就是个传言，当我访问过各国的家庭后，才知道实际情况就是如此。

残酷——

要订立明确的残酷分界线着实很难。老实说，我曾经也难以忍受白土三平①所画的忍者漫画的残酷。但见好评如潮，还是看下去了，渐渐也能接受头颈、手腕乱飞的动作场面了。不知从什么时候开始，我的作品里也无意识地出现了那样的画面，被人提醒时我都愣住了。

什么样的描写才算残酷，这个界线年年发生着变化。对性描写的判定也是如此。虽说成年人已经麻痹了，但还是该顾及一下孩子……不过也有一些成年人主张，得让孩子们懂得世界的残酷，这样他们才能坚强起来。但是，也不用把什么都画入儿童漫画中吧……

---

① 20世纪60年代最具代表性的漫画家之一，作品多描写忍者的生活。

根据久里洋二的说法，实验动画越做越短是世界性的趋势。理所当然地，片长越短，浓度越高，动画片就越重口味。久里在他的代表作之一《杀人狂时代》中，以动画的形式向我们展示了各种杀人方式。这部作品在国外也收获了很好的评价。一位叫拉尔夫·巴克希（Ralph Bakshi）的动画导演在以猫为主人公的作品《怪猫菲力兹》（*Fritz the Cat*）中描绘了黑人惨遭杀害、血流满地的场景。如今，即便是长篇动画，血肉横飞、呻吟惨叫的场景也比比皆是。不仅日本如此，欧美亦如此。

不禁要想，以后会如何？

1

自暴自弃的少年时代

我为戏剧狂

因为我住在兵库县的宝冢一带,所以接触"宝冢少女"的机会比较多。① 小时候我管她们叫"狸猫姐姐",被她们嫌弃。我倒不是存心的,只是舌头转不过弯,想着说"歌剧",结果说成了"狸猫"。②

我家隔壁就是宝冢少女歌剧团最负盛名的实力派天津乙女的家。那些想进宝冢歌剧学校学习的女孩子会被家长带着拜访天津乙女家。长谷川裕见子就被长谷川一夫带着,多次从我家门前走过。③

我自己也常被母亲带去观看宝冢歌剧。虽说这里的剧目一般是仿作,但我也算见识了世界各地的音乐与演出服。模仿百

---

① 宝冢歌剧团是 1914 年小林一三创立的大型歌舞剧团,本部位于兵库县宝冢市的宝冢大剧场,团员全部为未婚的女性。
② "歌剧"(kageki)与"狸猫"(tanuki)日语读音相似。
③ 长谷川一夫,日本著名美男子,传奇明星,代表作有《地狱门》《雪之丞之恋》等。演员长谷川裕见子是他的侄女。

老汇也好,山寨女神游乐厅[1]、红磨坊[2]也罢,当时的我哪懂那些,认为宝冢歌舞剧就是世界上最厉害的艺术了。《我的巴黎》《小巴黎》《花诗集》《音乐相册》《山鹿小歌》等歌舞剧你方唱罢我登场,"噢,我憧憬的巴黎哟!""我的梦想之都,曼哈顿百老汇!"这些台词反复回荡在我的脑海中,让我陷入一种憧憬与梦境交织错乱的状态。《缎带骑士》就是在歌剧中毒尚未痊愈的情况下画出的少女漫画。

《缎带骑士》

我的自我表现欲本来就比较旺盛,在宝冢舞台的"荼毒"下,我立志要当舞台演员,扬名于世。小学三年级的时候,我就自告奋勇,想在学艺会(日本中小学生的文艺会演)上表演《丹下左膳》[3]。"东山三十六峰,草木亦眠三更时",以这样莫名其妙的台词开场,我很快写完了剧本,问题是服装。拜托母亲一定会被拒绝,思来想去,最终决心借用宝冢剧场的戏服。我们一

---

[1] Folies Bergère,巴黎著名歌舞厅及综合娱乐剧场。其表演品类多样,如歌剧、芭蕾舞、杂耍等,充满异域风情。
[2] Moulin Rouge,巴黎的歌舞剧场,用红色大风车装饰剧场屋顶,以法式康康舞(经典动作高踢腿)著称。
[3] 林不忘创作的剑侠小说,主人公丹下左膳是独目独臂的剑侠。

群小学生,一个跟着另一个,排着队走向剧场后台。

"我们能借用一下《丹下左膳》的戏服吗?"

服装部负责人吃了一惊,以宝冢歌剧至今未演过《丹下左膳》为由拒绝了我们的请求。

"那么,随便什么适合浪人穿的衣服都可以。"

我们死缠烂打,总算借到一套可以出演时代剧的服装。现在想来,可能看我们是一群孩子,剧场才慷慨出借的吧。但到底是歌剧女演员穿的衣服,即便是浪人的服装,也相当艳丽。而且,衣料上还贴了一层闪闪发光的银纸,穿着走动时光华闪闪,跟歌舞厅里的镜片球似的。不喜欢也没别的招了,能弄到手的服装只有这样的,只好将就着用。虽说是女演员戏装,毕竟是大人的衣服,我们穿还是太大了。不得已,我们练习时总把衣摆卷得高高的。结果马上就被老师发现了。老师无情地扒下了我们好不容易找来的衣服,还好一顿说教。最后歌舞剧《丹下左膳》变成了诗朗诵《丹下左膳》。

然而,我没有因为这次失败就受挫,我对演戏越来越狂热。终于在大学时代,我加入了戏剧社,可以在剧场里大大方方地演戏了。话虽如此,我出演的都是些酗酒或疯癫的老人或一些丑角。轻喜剧如果戈理的《婚事》之类我还能演,但像西德尼·金斯利(Sidney Kingsley)的《白衣人》(*Men in White*)这类严肃剧目,因为我一登台观众就莫名发笑,导演可是烦透了我。

《白衣人》分镜前留影（1947年5月3日于每日会馆公演）

大约在昭和二十五年、二十六年（1950—1951年）的时候，关西新剧①盛行一时，还在上大学的我加入了当地的大剧团——关西民众剧场。第一次公演就要演陀思妥耶夫斯基的《罪与罚》，还租下了朝日会馆这样的一流场地。

《罪与罚》里主人公杀死了放高利贷的老太婆，有两个在老太婆公寓附近的空房间刷油漆的油漆匠被当作嫌犯，我就出演其中一个油漆匠。在舞台上排练的时候，我简直吓破了胆。舞台布景足有四层楼高，而我们必须在最高层刷油漆，立足之处晃得厉害，跟站在遭遇暴风雨的船上一样。而且，我还有严

---

① 相对于旧剧（能、狂言、歌舞伎等传统剧种）的称呼。明治末期兴起的剧种，受西方现代剧影响，从现实主义的角度描写现代生活。

重的恐高症。

我一身冷汗爬到了最高处。观众席像是黑黢黢的海面一般令人害怕,观众的一举一动都跟惊涛骇浪似的。

我昏昏沉沉地继续表演。和我演对手戏的拉斯柯尔尼科夫的饰演者担心地悄声问我:"手冢,不要紧吧?你脸色煞白啊。"

总算演到了最后,我太担心观众的反应了。我演得简直像个晕了船的油漆匠,连观众席我都没敢看。

"我演得怎么样?"我逢人就问。

"咦,手冢你也出演了吗?"

"你这么说太过分了吧。我可在布景台最高的地方热情满满地演戏呢。"

"啊,这样一说,好像是听到了你的声音。但是布景台太高了,都被幕布遮住了,根本什么都看不到。好像隐约看到了脚……原来那是你吗?!"

从此以后,我再也不参演任何戏剧,包括文士剧[①]。

天文学入门

和喜欢戏剧一样,我也很喜欢天文学。

---

① 描写作家、记者等文人故事的业余戏剧。

大阪四桥一带有一家电气科学馆。在那里有德国蔡司公司生产的、据说是亚洲最早的天象仪。我天天都去看,天象仪那如铁哑铃妖怪一般的外形让我浮想联翩。这冰冷的机械装置加深了我对机械文明的敬畏之情。只要待在天象仪的圆顶下,一定会听到埃尔加作曲的《威仪堂堂进行曲》①,一开始我还想当然地以为这就是天象仪之歌呢。我还在科学馆的小卖部看到了原田三夫②先生写的《儿童天文学》。

在我们那一辈的文化人当中,爱好读这类书的人相当多。这是本非常精彩的天文学入门书,配了大量插图,尤其火星那一章,还配了科幻风格的插画(当然,那时候还没有"科幻"这个词)。这么一本启蒙书,再怎么对天文没兴趣的孩子看了也一定能激发出对宇宙的热情来。我买来透镜,自己做了架望远镜,一门心思想看到土星环和木星的卫星。但是镜片的质量太次,产生了色差,土星环的颜色被分解成了三原色。

"土星环有三种颜色!红、蓝、绿!"

我夸张地叫出自己的大发现。望远镜已经不能满足我的需求了,我决定在自己小小的儿童房间里安一台天象仪。当然我

---

① 《威仪堂堂进行曲》(*Pomp and Circumstance Marches*)是英国作曲家爱德华·埃尔加(Edward Elgar)的著名作品,音乐中间部分的旋律被爱德华七世用作加冕颂歌,被誉为"英国第二国歌"。在美国许多院校的毕业典礼上,学生们也是在这段旋律声中领取文凭的。
② 日本大正、昭和时代的科学评论家。曾创办过《科学画报》《儿童科学》等杂志,致力于出版儿童科普读物。

家可出不起买大天象仪的钱，只得自制一个迷你天象仪。

我活用了丝绒牌肥皂盒。先用火钳往空盒盖上戳出一个个小洞，再往肥皂盒里放灯泡，拉上窗帘后把灯泡点亮。光穿过火钳扎出来的洞投射到天花板上，看起来就如星星一般。我再备上一些小点心，强拉朋友来我的房间，硬充天象仪解说员进行解说。

"与天鹅座隔着银河遥遥相对的是射手座，这里有七夕传说中有名的……"

"咔哧咔哧咔哧——"

我的朋友在黑暗中吃着零食。他是被我硬拉来的，此刻百无聊赖，只好吃东西。我毫不在意，继续解说。

"天鹅座又叫北十字星，因与南半球才能观测到的南十字星对应而得名，这个星座的一等星叫'天津四'……"

"咔哧咔哧咔哧咔哧——"

最后连这个声音也听不到了。打开灯一看，岂有此理，朋友竟然倒地睡着了！我深感自尊心受到伤害，怒气冲冲地叫醒他，问他感想。

"天花板上有很多蚯蚓在爬啊。"

"蚯蚓？"

我目瞪口呆，仔细一看，原来是电灯的灯丝像蚯蚓一样蜷曲成螺旋状，当光穿过火钳扎出的小孔映射在天花板上时会发生光学现象，让影子看上去有如蚯蚓。我视力不好，根本没发觉天花板上映着几百条蚯蚓。后来我又试着把孔扎得更小、蒙玻璃纸,想让"蚯蚓"看起来更像星星的光点,但花了整整一个月的时间反复研究,最终还是未能实现。让我再一次被蔡司公司制造的天象仪折服。

治虫昆虫记

我的笔名有个"虫"字,是借用了"步行虫"这个名字。[①] 小学五年级的时候,我给自己起了这个笔名。那时的我是个彻头彻尾的昆虫迷。当时一位名叫石原的朋友某次借了我一本平山修次郎写的《昆虫图谱》。虽然图像不清晰,颜色也不协调,但我还是就此迷上了昆虫。最后我简直迷得废寝忘食,《昆虫图谱》和加藤正世先生所著的《趣味昆虫采集》就是我的《圣经》。

大岛正满的《动物故事》则有趣极了,我们那辈的很多作家朋友都是它的读者。尤其是北杜夫[②]先生,他年少时的兴趣爱好几乎和我的一模一样,只是我没读过《托尼奥·克律

---

① 手冢本名手冢治,"步行虫"(osamushi)与"治"(osamu)"虫"(mushi)日语读音相同。
② 日本纯文学作家,本名斋藤宗吉,同时还是精神科医生、医学博士。代表作有《曼波鱼大夫航海记》《在夜与雾的角落里》《牧神的午后》等。

格》①（*Tonio Kröger*）这类高深作品而已。北杜夫也是有名的昆虫迷，若有机会跟他畅聊昆虫，我怕是会喜极而泣，表现得跟个毛头小子一样吧。我喜欢他的一部短篇《狭谷》。这部作品里有在中国台湾的山中追宽尾凤蝶的情节。读到这一段时，我激动得热泪盈眶。

对于战前的昆虫迷来说，宽尾凤蝶可是"梦幻之蝶"。那时全世界都找不到它完整的标本。听说它原产于印度，但有极少数分布在中国台湾的深山里，有人曾捕捉到。拥有这种蝴蝶标本的人是英雄，我前面提到的平山修次郎先生就有这种标本，对我来说，他就跟神一样。有一年，我为了能看到宽尾凤蝶兼拜会平山先生，特地去了趟东京。在井之头公园的角落里有个小小的平山博物馆，专门展示昆虫。我大汗淋漓地跑到那里时，平山先生只围了块兜裆布，在自家农园里辛勤耕耘。我既崇拜又敬畏地向只围兜裆布的平山先生行了个大礼，之后就打道回府了。

回到前面的话题，步行虫是一种别名叫"步甲"的甲虫，夜行性，色泽黑亮、颈长。初秋时分，打开灯开着窗就能吸引它飞进屋里，跟到了夜里就精神百倍、挑灯夜战的漫画家一模一样。更何况我脖子也长，和步行虫一样也爱吃肉。我真是佩服自己，竟然能想出这么妙的笔名。

---

① 诺贝尔文学奖获得者托马斯·曼（Thomas Mann）年轻时创作的中篇小说。

但是，经常有人认错这个名字，真让我伤脑筋。很多人给我写信，收信人写的不是"治虫"，而是"治忠"。更惨的是，《朝日新闻》在一篇讨论所得税的文章中把我的名字误写成"手冢泣虫"。无论税金有多让人想哭，也不能叫我"泣虫"吧。

在众多蝴蝶中，有一种叫"闪蝶"的南美蝴蝶，外表特别绚丽夺目。因为闪闪发光、非常美丽，所以在南美有人用闪蝶的翅膀做成工艺品贩售。另外，还有一种叫"日落蛾"的蛾子，深具古朴美，让人沉迷不已。

据说，闪蝶和日落蛾翅膀的发光原理与构造完全不同。在学术上甚至将其区分成"闪蝶型"与"日落蛾型"。这两种类型让我联想起作家的个性与文风。像三岛由纪夫、安部公房①，他们的作品风格华丽，具有国际性，明显是"闪蝶型"；而北杜夫这样低调奢华有内涵的风格，则应属于"日落蛾型"。就像可以把人的性格分为"哈姆雷特型"和"堂吉诃德型"一样，我擅作主张把作者的个性之光也分成闪蝶型和日落蛾型。要问有什么用，完全没有用。漫画家就爱戏说名人，给名人分类呀。不过，昆虫发烧友们应该能明白我这种分类

---

① 日本小说家、剧作家。受存在主义和超现实主义等西方现代派影响，作品中往往使用象征的手法表达深刻的寓意，代表作有《墙》《砂女》《他人之颜》等。

的精妙之处。

我的故乡宝冢当时可是昆虫的宝库，大名鼎鼎的温泉和歌剧院只占了一小块闹市区而已。登上长长的坡道，就能闻到肥料的臭味，牛的叫声也随之入耳，之后呈现在眼前的就是视野开阔的菜地和稻田。虽然被称为观光城市，实际上还是乡下农村。我小时候还听说有狸猫出没。到处都有杂树林，里面汇聚了吮吸栎树树液的流星蛱蝶、高砂深山锹形虫、金龟子。在树丛茂盛处，有时还会有枯叶蛱蝶、小灰蝶、里金小灰蝶等珍稀品种。我和弟弟常常为了捕来的昆虫到底归谁大打出手。战时吃不饱，我总假借采集昆虫为名跑到地里偷摘草莓或其他水果，往往吃得一地狼藉。附近的农民看到拿着捕虫网的我简直避如蛇蝎。

在宝冢游乐园里有家阪急公司经营的昆虫馆，我要是捉到了珍稀的品种总会拿给当时的年轻馆员福贵看。这个人后来成了馆长。

好久没去昆虫馆的我，最近去了一趟。也不知道是不是来参观的学生留下的涂鸦，在陈列室步行虫的标本架上，我发现了钢笔写下的"手冢"二字，这让我感到荣幸之至。

与动画的相遇

小学三年级时，我画了一幅画，起名叫《在电影院看〈榎健的猿飞佐助〉①》，在美术比赛中获了一等奖，还被张贴出来。我虽然的确看过这部电影，但是一点也不记得电影的内容了，只记得画被贴出来的事。

在大阪的朝日会馆里，每年正月都会举办动画展播会。我家有个惯例，母亲每年正月初三都带我参加这个大会。除了《大力水手》《贝蒂娃娃》之外，大会还会放映一些当时很稀罕的迪士尼彩色动画。我隐约记得其中有两三部非常有趣。奇怪的是，比起电影本身，我反而对观影前后发生的一些小事记忆犹新。比如：母亲带我们搭计程车前往会场，搭车时挺顺利的，要下车给钱的时候出问题了。母亲把浑身上下摸了个遍，却怎么也没能找出钱包。从大阪站坐到朝日会馆，计价器显示一日元十钱。但是，母亲无奈地发现自己只带了零钱袋，而里面只有一张一日元纸币……

我们急着进剧院，可母亲和司机一直谈不拢。

"就算我一日元嘛。"

"呵，开什么玩笑，那就等于你少付十分之一的钱，哪能就这么不算数？"

"哎呀，有什么关系嘛，大过年的，行行好，车夫老弟②。"

---

① 榎健是日本演员榎本健一的爱称，他被称作"日本喜剧之王"。《榎健的猿飞佐助》是他出演的一部电影，另有同类型作品《榎健的近藤勇》《榎健的弥次喜多》等。
② 原文为運ちゃん，日本昭和用语，对司机的蔑称。

母亲居然会说"车夫老弟",这让我有点震惊,因为她以前从来不用这么粗鲁的词。现在想想这实在没什么,但对于当时的我来说是一次强烈的冲击。陆军团长的女儿,一个接受过斯巴达教育、在旧式环境中成长起来的女子,说出这种话真是一次大变样。能记住这么不值一提的事,说明我打小就够爱起哄的。

正式成为电影迷始于"二战"时期看的一些德国电影。当然,当时是战时,放的尽是些宣扬纳粹的宣教电影,比如UFA电影公司①制作、卡尔·里特尔(Karl Ritter)导演的《斯图卡》(*Stukas*),早川雪洲等人出演的日德合拍片《新乐土》(*Die Tochter des Samurai*),还有同样是德国制作的教育类电影《大自然与创造》②,这些电影给我留下了深刻印象。美国电影却莫名只记得几部科幻片,我记得克劳德·雷恩斯(Claude Rains)主演的《隐形人》(*The Invisible Man*)(一部可怕的惊悚片,四五天内都让我沉浸在发自内心的恐惧中,甚至害怕到闹了腹泻);讲述男子在接近掉落在非洲的陨石后受到辐射变成活陨石的《隐身射线》(*The Invisible Ray*)(那个年代大众也不懂什么铀和钚);还有类似太空歌剧,讲述地球人混入火星与当地女王对决的《飞侠哥顿:勇闯火星》(*Flash Gordon's Trip to*

---

① 德国电影公司,全称为Universum Film AG,成立于1917年,是德国历史最悠久的制片企业之一。
② 这部电影究竟是哪部电影在日本学界亦存争议,此处仅按字面译出。

Mars)。正是这些电影启发了我画科幻漫画。

因为那时还是连纳粹 V-2 火箭①都还没有的年代,电影中的炸弹火箭尾部会冒烟,在真空中飞行还能发出"咕嗡"的轰鸣。因此,我的早期作品中画的火箭也都屁股冒烟、轰轰作响,小时候留下的印象真够深刻的。

大概是在昭和十八年(1943 年),号称日本第一部长篇动画——长达六卷(37 分钟)的《桃太郎的海鹫》上映了。该片把珍珠港战役画成了现代版桃太郎打鬼的故事。我还记得当时有一些睁眼说瞎话的宣传语说:"不愧是日本动画,《大力水手》《米老鼠》哪儿比得上!"

然而,我们小孩子翘首以盼的迪士尼长篇动画《白雪公主》、弗莱彻②导演的《格列佛游记》,日本虽然引进了却并没有公映。即便公映,电影公司也不会写这种宣传文案吧。就是因为眼前全无对手,那些人才那么目空一切。

除此以外,虽有《阿福的潜水艇》《蜘蛛和郁金香》这样的中篇日本动画陆续上映,但大多数都敷衍了事、粗制滥造,英美一打压就歇菜,我也未从中获得多大的感动。

但是,战败那一年的春天意外冒出了一部杰作。全长九卷(74 分钟)的大作《桃太郎:海之神兵》,制作花费二十七万日

---

① 纳粹德国在"二战"中研制的一种短程弹道导弹,是世界上最早投入实战的弹道导弹。
② 戴夫·弗莱彻(Dave Fleischer),知名动画导演,曾执导过《大力水手和四十大盗》《墨水瓶人》《超人:机械公敌》等。

元,濑尾光世(现名濑尾太郎)导演,桑田良太郎原画,古关裕而作曲,佐藤八郎作词,黑崎义介美术,阵容豪华,称得上日本动画的集大成之作。

可惜当时的东京和大阪几成白地,到处是断壁残垣,根本不是欣赏电影的时候。尤其是最主要的目标观众——孩子们全被疏散到各处,所以这部片子几乎没什么水花就销声匿迹了。

在松竹座剧场未被烧尽的、冷冷清清的放映室里,我观看了这部电影。我边看边哭,完全无法自已。这是感动的泪水。整部作品情感充沛、童心满溢,像是温暖的光,照亮了我那颗丧失了希望与梦想、如同木乃伊一般的心。

我发誓说:"我要制作动画。"

"一辈子只做一部也行。无论多么辛苦,我也要做动画,我要把这份感动传递给孩子们。"

从那以后,我到处找动画看。无论多么偏远落魄的小剧场,只要放映的是动画片,我都会想方设法去看。当时大映公司与迪士尼签了合同,大映旗下的电影院播放的剧情片会用一部迪士尼短篇动画开场。为了看短篇动画,我可是没少看扯淡的禁断爱情片与动作片。

《白雪公主》上映时,我花光了积蓄,看了大概五十遍。接下来的《小鹿斑比》,我看了不下八十遍。我早上买好面包冲到电影院,买当天所有场次的票(那时已经实行每场结束清场再检票入场的制度了)看上一整天。看完最后一场,就到附近的情人旅馆住下,第二天接着看。旅馆的床有很多跳蚤和虱子,我就整晚边咔吱咔吱挠痒,边回味着从当天电影里收获的感动,跟现在那些流行歌手的迷妹有一拼。当电影的所有场景全烂熟于心之后,我不再看大屏幕,而是坐在观众席左顾右盼看其他观众,看他们笑,看他们哭,感同身受着。

有一次,我听说九州要抢先上映东京还没消息的迪士尼新作《爱丽丝梦游仙境》,惊讶之余坐飞机赶去了九州。那些同样大惊失色的杂志编辑也追着我赶往了九州。

做了漫画家后,我依然尽量抽时间看电影,尤其是外国电影。一年看电影超过365部,据说比影评家看的还要多。

我的落语修行

我家那一带是大阪落语的重镇,落语家桂春团治二代[①]就住在我家附近。战后受这位师父委托,我为戎桥小剧场的说书场画过海报。我把画好的海报送到春团治师父家的时候,看到有个弟子模样的年轻人正卖力地给赤膊的师父按摩腰部。可能是为了感谢我的海报,师父突然开始夸奖我的声音。

"手冢,你的声音洪亮、穿透力强,天赋不错。"

"是吗?"

[①] 日本落语演员的艺名可以传承,桂春团治之名今已传至五代,这里指的是第二代。

弟子狠狠瞪了我一眼。

"你这嗓音做落语艺人也足够了。怎么样？你有没有这想法，要不要尝试一下？"

"这个嘛，我想想……"

弟子又在瞪我了。我当时还是个学生，那时学校也不像现在还有落语研究会之类的社团。落语艺人的修行简直比到柬埔寨当化缘僧还难以想象。但是被

桂春团治公演海报

夸奖总不会不开心，而且我原本就对自己的声音有信心，所以就悄悄开始学习落语。我们家有讲谈社版的《落语全集》，到了半夜我就悄悄把它拿进被窝，小声背诵。念久了，自然也想对人表演表演，但是在家里讲有点羞耻。对了，就在初中损友齐聚的同学会上表演一番吧！我计议已定，摩拳擦掌准备大干一番。终于通知来了，损友们计划这次同学会去野营。野营要上山，这样就不会惊扰周围邻居，这种好事让我喜出望外。

野营很无聊。大家也玩厌了游戏，天黑之后就裹起毛毯打算休息了。这可糟了，再磨蹭下去就要错失良机了。

"我来为大家表演一段落语如何？"我在毛毯中发问。

"随便啦。"

看样子大家没多大兴致。我想起身，但实在冷得受不了，

只好裹着毛毯开讲。这样的落语演出真是前无古人。我讲的是三游亭金马三代的剧目《居酒屋》和《胡闹》。

"'关不严的推拉门前,躺着一条近乎赤色的狗。'"

"嗯。"

"'那个,来一碗泥鳅汤。'"

"嗯。"

"不要听一句话回一句啊,这样很难讲啦,你们闭嘴听就好。"

"所以,结局是怎样的?"

"不要着急,讲故事也得铺陈啊。"

讲着讲着,这群狐朋狗友竟接二连三地开始打呼。我破罐破摔地讲到结尾的包袱时,唯一还在听的人对我说了句"谢谢,晚安",便如释重负地睡去。显然他不是因为听了精彩的落语才感谢我的。

从那以后我备受打击,再也不在人前讲落语了。

成为漫画家后没多久,索尼公司开始生产磁带录音机。某天晚上,久违地,我在自己公寓讲起了《马厩失火》的落语段落,并用录音机录了下来。我倒带听了很多遍自己的声音。第二天早晨,公寓管理员大娘问我:"昨天一整晚都能听到一个怪腔怪调的声音在说话,你请了个什么样的客人啊?"

那盘磁带可能现在还扔在我家的哪个角落吧,但我再也没将它拿出来听过。

有一次立川谈志①师父对我说:"手冢,你的漫画我一直在看,里面的台词很有落语的风采,我很喜欢。""哎呀,因为我也喜欢落语呀。"我这样回答。但我到底没能说出"我也讲过落语"这样的话。这么说来,漫画老前辈田河水泡老师在画《野狗小黑》之前,据说曾以"高泽路亭"的名号写过落语剧本。我一直尊田河老师为灵魂导师,所以可能也受了他的影响。

说到田河水泡,最近出版的《野狗小黑全集》让他的老粉们欣喜不已,水泡老师雄风不减当年啊。我小时候,田河水泡的漫画就是我的教科书。不光是《野狗小黑》,只要是田河的漫画,什么都行。《大阪每日新闻》推出青少版时,听说第一期有田河水泡的画,我就硬拗着母亲帮我买了一份。

田河老师弟子众多这件事也是出了名的,搞笑艺人平凡太郎就对我说过,他因为崇拜水泡,入门当过弟子,但老是被使唤去干杂活,所以放弃了修行。长谷川町子②老师因画风和田河老师极像,我还跟了解内情似的四处宣扬说:"她可是田河水泡的夫人啊。"

---

① 落语界的风云人物,他的人生经历曾被拍成电影《红鳟鱼》。
② 长谷川町子是日本最初的专业女漫画家,也是日本唯一获得国民荣誉赏殊荣的漫画家,代表作《海螺小姐》。

强制修炼所的日子

我读初中时就在画漫画了,看到我画漫画,老师们虽然不会给什么好脸色,但反正从我的画里也看不出什么危险思想,就随我去了。

我读的初中在大阪算是名校,严格程度数一数二。太平洋战争战火正酣之际,我被强征去当海军飞行预科练习生,但我对七纽扣①没有丝毫向往,又因为视力差没有通过考核,真是件幸事。谁知中途教官一声令下,我又被送进了强制修炼所。已经罪大恶极了,还敢偷懒画漫画,会被批成卖国奴、反动派吧,被拷问都不出奇。

修炼所的操练十分折磨人。田间农活和军事训练勉强还可以忍受,难忍的是伙食,量少到跟绝食没两样,搞得人人双眼凹陷,手臂皮包骨头,说话有气无力。唯独教官浑圆肥硕、精力旺盛。有传言说他私藏了食物,于是我们就谋划着要去袭击教官室,但最后也未曾实现。

我无时无刻不想着从那里脱身。但修炼所四周都围着铁丝网,蚂蚁爬过都能在地上留下痕迹,逃出去简直是个不可能的任务。

"就算这样,我也要设法逃走。"我说。

---

① 海军飞行预科练习生学生制服的纽扣数,引申为训练生的别称。

"笨蛋，你会被日本刀砍死的。"

"这样待下去也会饿死。"

于是，一天夜里等大家睡熟后，我跳窗逃跑了。那天晚上月色朦胧，我一身冷汗钻过铁丝网，抹平足迹，可直到拨开草丛逃到大路上时，才真正涌出回到尘世间的安心感。我坐上电车，狼狈不堪地回到家里。

当我摇摇晃晃地走进玄关时，迎门而来的母亲看到我吓得腿都软了，她还以为我是幽灵。

"肚子好饿……"

说完这句我就瘫到了地上。母亲把家里能吃的东西全拿出来让我吃。我感激涕零，那个年代，家中分到的粮食也少得可怜，我肯定把家里的存粮都吃得精光了。

等我吃饱肚子定下心来，又开始觉得不安。母亲劝我还是回修炼所去。没法子，我只好坐上电车回修炼所，穿过杂草丛生的铁丝网，若无其事地睡下，谁都没有发现我的出逃。

但是这事似乎触怒了修炼所供奉的八百万神，我的胳膊开始起疹子，不久后整条手臂满是疹子。去了医务室，他们只给我抹些红药水，毕竟这里除了红药水，什么都没有。或许在这种地方，就算打破了头也只给抹红药水吧。

我的手臂逐渐变色，发青发胀，接着开始发高烧。教官也没辙了，于是我被"风风光光"地送出了修炼所。我的那些已经瘦成骷髅的同人一脸羡慕地目送我离开。而我呢，哀叫呻吟着回到了自己家。

母亲急忙把我送到大阪大学附属医院,我被确诊为糜烂性白癣疹,是一种严重的皮肤病。

"这可不得了啊,再晚一点就有危险了。"

"此话怎讲?"

"要是再拖两三天,就会引发败血症。到了那个阶段可能就必须截肢了。"

母亲脸色惨白。

这之后很长一段时间,我往返于家与医院之间。因为两只胳膊都被吊起来了,所以从上厕所到进食都需要麻烦母亲。最讨厌的还是遇到街坊邻居。由于当时军需工厂常常发生事故,所以他们一般会问:"哎呀!是车床出问题了吗?还是被喷枪烧到了?真可怜啊。"

"不是……是皮癣……"

此话一出,对方自然哑口无言,不知说什么好。

我一天天好起来,当身上的绑带一层层减少时,更加体会到了医生这一职业的厉害之处。我应该能报考理乙[①],因此想着考上的话可以做一名医生。另外,我还有一点不像话的小心思,我觉得当了医生之后即便上前线,也只要待在后方,会比较轻松,可以一边吃着当地患者送来的小点心,一边和

---

① 日本旧制大学入学考试分"甲""乙"两等,文科生考"文甲""文乙",理科生考"理甲""理乙",理乙较难,可以填报医学专业。

护士聊闲话。

战争和漫画

战败那年，我被派到淀川军需工厂务工。虽号称军需工厂，其实就是生产仓库屋顶和墙壁要用的那种石板瓦的街道工厂。尽管情报局一个劲地想隐瞒，但接二连三的战败消息还是像穿堂风一样吹进了我们的耳朵。我们又能怎样，不过是苟且偷生。宿舍里，运土车边，我像间谍一样躲躲藏藏地画漫画。

"手冢！空袭警报！"

这样的叫喊意味着汽油燃烧弹会如雨点般落下，但是我已经无所谓了。三月的空袭，东京烧成一片废土，之后，大阪也迎来了最黑暗的一天。B-29 轰炸机的编队沿着淀川逆流而上，

丢下炸弹后又沿着淀川返程。敌机在返程路上要丢掉余下的炸弹，我们这家坐落在淀川岸边的工厂可就遭殃了。

整片天空暗成了黑夜，到处都是火苗在张牙舞爪，恐怖得如同但丁《神曲》里描写的地狱。焦味的黑雨降下，淀川河堤上尸体和瓦砾堆积如山。炸弹正打在大桥上方，把到桥下避难的人炸成了一堆漆黑的焦尸。一头牛半埋在地里，散发出一股烤牛排的味道。够了，真的够了，我想。这个世界不可能是这样，我们是在哪个故事里吧，对，我们可能是在漫画里。而我就是这个漫画里的一个小虾米角色。如果是这样的话，希望这个漫画赶紧完结吧。

朋友家几乎烧尽。借走我全部漫画原稿的老友家也被烧个精光。随着废墟中向上升腾的灰烬，认真画出的好几百张原稿里的胡子老爹和蓝普都升天了。补充一句，胡子老爹和蓝普都是我中学时期创作出的漫画形象。

为祖国献身的欲望已完全消失，自那以后，我就总是把自己关在家里画漫画，偶尔到工厂去露个脸，也是躲在原料搅拌机的后面把一周配给的面包一口气吃光，或者抽蛮唐带来的香烟。蛮唐是校内一霸，国粹主义的带头兵，只要有人和女生说话，或者读了《世界文学全集》，再或者睡觉时把裤子压出了褶子，他都会把那人拖到月台上好生教训。照理说，我这种画漫画的只有被痛揍、帽子被扔进电车轨道碾轧的份，但不知道为什么，他好像很中意我的漫画，对我很好。我有时也会画一些美女图送他。每每那时，他总乐得喜形于色，还对我说"你可要活久一些啊"。就是这样的一个人，某回劝我："你好不容易画出的这些漫画应该更光明正大地发表出来嘛。"

但是，这些可不能给教官们看到。

"那你就贴在大家都能看到，但那些自命不凡的家伙绝对不会去的地方。"

"那就贴员工厕所里？厂长和教官都不会去那里。"

"好主意。"

就这样，第二天开始，我每天在厕所的墙上贴一张我的漫画。早上我第一个进厕所，将前一天贴的揭下来，换上新的。我贴的高度就是坐在马桶上视线会落下的高度，这样如厕的人一蹲下就会看到我的漫画。在他们使劲用力的时候，又免不了会瞪着这些画看。

"此计大妙。"

于是我每天都去贴新的漫画,但时不时前一天贴的漫画会不翼而飞。也许有人上厕所没带纸,就拿原稿代替了吧。

这可不行,之后我就换成了硬一些的纸,虽然没人乱撕了,但有时候纸上会溅到褐色的点点污渍。我只好终止了厕所连载。

宝冢附近已遭受过炸弹的洗礼。尼崎、伊丹、仁川周边的房屋已被夷为平地。到了夜里,燃烧弹之雨就像拉开彩球散落的花纸片和银纸那样飘落远方。B-29 轰炸机也飞经宝冢,沿路撒下传单。社区自治会的人大惊,规定捡到传单的人不许阅读并即刻上交,但不让读是做不到的。听说传单上写着"八月十五日,歌剧街开花日",是为警告。"歌剧街开花日"——倒是很有文采的句子。

我想着,这下可完蛋了,看着自己房间里堆积如山的稿件,有近三千张。一些已变黄,一些已蒙尘。竟然有这么多没约稿就画好的稿子,我倒很欣慰。有部十五册的大长篇正打算这两天完稿呢。那部作品叫《老爹的宝岛》——是部一千页左右的长篇巨作。可能看不到它面世了,但就这么烧掉又觉得太可惜。

就这样,八月十五日终于到了。

2

废墟众生相

战后众生相

收音机里传来讲话声,听上去像是天皇的声音。

"肯定又是号召全体国民奋起的敕令。"

我继续画漫画,顺带着听广播。明显军方铁了心要本土决战了,我想这大概是一次宣扬"一亿玉碎"的特别播报。① 不过总觉得有些奇怪。听不到一直在空中盘旋的侦察机的嗡嗡声;虽然有背景音乐,放的却不是壮烈的军歌。

家门外有说话的声音。

"战争结束了?"

"啊,是吗?"

---

① 1945年2月,盟军突破日本内防御圈,攻占菲律宾的大部分地区,随即把进攻的矛头指向日本本土。日本军国主义者认为在太平洋上扭转败局已不可能,本土决战势在必行。本土决战指的是根据日本地形特点,在日本本土与盟军进行最后决战。而一亿玉碎是"二战"时日本军国主义的口号,因为当时日本有一亿国民,一亿玉碎指一亿国民全部战死。

我一惊,调大了收音机的声音。

战败了!

结束了!结束了!

一瞬间我想,这下或许真的能当漫画家了。

秋田县深山的大野台海军特攻基地,年轻的特攻队员、一等飞行兵曹马场登[1],正反复检查滑翔机的状况。

"大概再也没有完好的飞机能开了。"他想。

事实上,这个基地连一台练习机都没有了。马场特攻队员住在由小学改造的破败兵舍里,每天都画着漫画日记。

就在这个时候,战败的消息传了过来。

马场特攻队员茫然若失,不知未来何去何从。

——该回老家吗……?

可回去了靠什么为生呢?也没什么谋生的技能。

漫画家的种子,不,连种子都称不上的青年马场登,搭着归乡列车回到了青森县的三户町,之后开始到黑市[2]倒卖红薯为生。

东京音羽,讲谈社,公司员工们正在收听正午时分的玉音

---

[1] 日本著名漫画家、绘本作家,与手冢治虫和福井英一合称为"儿童漫画三杰"。
[2] 指"二战"后出现在日本东京等战争废墟的黑市,由于物资短缺,商品以高出基价数十倍的价格卖出。

放送①。

加藤谦一也是其中一人。

加藤是杂志《少年俱乐部》的主编,人称"编辑之鬼",他是这本畅销百万的杂志的主要推手。他挖掘了吉川英治和田河水泡这样的英才,并凭借精美的封面插图、豪华的套装附录、多样的连载内容,带领《少年俱乐部》闯出自己的一片天。但是战争末期的《少年俱乐部》的内容实在令人不敢恭维,充斥着鲜明的决战思想和高昂的战斗意念。

> 佐藤一雄《日本的黎明》
> 大佛次郎《楠正成》②
> 村田博《太阳之家》
> 长贝正三《万米高空上的对决》
> 柴田健二郎《挺进敌后一百八十公里》

这些就是昭和二十年(1945年)八月、九月合刊号的内容。

---

① 1945年8月14日,昭和天皇亲自宣读并录音《终战诏书》,8月15日通过日本广播协会正式对外广播。天皇的声音被敬称为"玉音","放送"是日语词,意为广播。"玉音放送"特指播放天皇宣读的《终战诏书》。
② 即楠木正成,镰仓幕府末期到南北朝时期的著名武将。一生竭力效忠后醍醐天皇,是日本尊皇思想的代表人物。

就在这时,终战的消息传来,冲击了社会各界。从今往后,日本会走向何方?另外,要怎么教育日本的下一代?这些都是要思考的大问题。加藤指挥全社员工整顿出版社的同时百感交集、心绪万端。

触目所及皆是废墟的神田电车道上,加太浩二[①]健步走着。加太从年轻时起就投身于纸戏剧[②]的世界,连战争时期也在做教育纸戏剧。战前凭借纸戏剧《黄金蝙蝠》[③]风靡全国的永松健夫是他的好友。

京桥区东亚国策画剧社内,同人聚集起来,手忙脚乱地整理着各类文书。

"得找新工作了。"

"对了!开家出租流行纸戏剧的公司吧?"

"总之,在找到新工作前都会付大家工资的。不要担心,努力工作吧!"

时任代理社长的相马泰三这样鼓励大家。

---

① 原名加太一松,日本评论家、庶民研究家、纸戏剧作家。
② 纸戏剧指的是通过画片展示和表演的戏剧,其起源可以追溯到12世纪。内容多讽刺当代社会现实,类似于中国的拉洋片。
③ 日本最早的超级英雄故事。主角是一个叫黄金蝙蝠的黄金骷髅,所以又译《黄金骷髅》,曾改编为漫画和电影。

八月十五日，夜，再待着不动感觉就要疯了，我像个梦游患者一样飘上了开往大阪的电车。车内空荡荡的，像极了幽灵电车。

"啊，看哪。大阪的街道上亮着灯！"

亮灯了，到处都是鱼目般的灯火！

H 百货店的吊顶灯在石灰剥落的四壁间闪着炫目的光芒。这样的场景有多少年没有看见了？灯火管制已经解除了吗？看到这盏灯，胸口才涌现出真实感 —— 和平已经到来了。我心满意足到想要狂喜乱舞。

啊，我活下来了，幸福啊。

我是为了体会这种感觉而特地跑去大阪的。电车票只要一日元六十钱，真是太便宜了。

之后，占领军来了。

"美国佬来了！我们会被打死的！"

"他们会抢走一切！"

"女人和小孩别出门！"

传言四起中占领军还是来了。坐着吉普，穿着时髦的军服，超酷（那个时代还没有"酷"这个词）。他们真的来了。进入都市，进入乡村，进入会场，进入大楼，进入学校……

人都是现实的，一旦发现对方也没那么危险，甚至称得上绅士后，大众们也逐渐放松了起来。

麦克阿瑟发表了对日占领政策,军纪似乎相当严明。他们面上和和气气地强制推行着博爱精神。在渴求获得同情和安慰的大众眼中,麦克阿瑟就像是从天而降的大英雄。

占领军对女性十分殷勤,可同时对女性施暴的事件也频频发生,大多数时候日本人只能忍气吞声,别无他法。

不可避免地,宝冢也沦为了美国高级将领的宿舍。某天,我偶遇四五个喝醉了的美国大兵,并与他们擦身而过。

"××××××××"

那些大兵在对我说着什么。但英语是"敌国语言",战争期间被迫中断了学习,对我来说他讲的话就是天书。

"Whato? Whato?(What?)"

我只能一遍遍地用这个词回问他们。结果,我被砰地撂倒在地,痛得站不起身。

"哈哈哈哈哈——"美国大兵大笑着扬长而去,我却无可奈何。在那个时代,如果反抗占领军,被射杀都不能有怨言。我又气又悔,痛恨自己没法听懂对方的话。

从那时起,这段讨厌的回忆一直如附骨之疽,难以排遣。自然而然地,我的漫画中出现了这一场景的变相桥段。地球人与外星人间的摩擦、民族与民族间的纷争、人类与动物间的误解,还有机器人与人类间的悲剧……《铁臂阿童木》的主题就来源于此。

创立漫画集团

昭和二十年（1945年）十月，东京荻洼区的漫画家们举办了一个集会。会场就在盐田英二郎[①]历经战火残存下来的家中。东京的漫画家们实在不想呆坐家中，因此促成了这个集会。参加者包括近藤日出造、横山隆一等六七位新漫画派集团[②]的成员。

位于芝区神谷町的集团原事务所在三月大空袭中被烧成了白地。租借那里的是近藤日出造、横井福次郎、和田义三、那须良辅这四位。横山隆一也时常会去那儿，最小的那间屋子就是他的地盘，老式的煤油灯、墙上的壁饰，都是横山的爱物。当那里被烧毁后，横山隆一从废墟中挖出了老式煤油灯的残骸。

"唉，这里就是我的那间屋子啊……"他感怀道。

之后，集团成员们各奔东西，近藤去了信州上田，横山也去了信州。其余大部分漫画家也都离开了东京。

之前还成立过一个叫大东亚漫画研究所的组织，并不是什么小组，而是一个超越党派的报国活动团体。成员包括新漫画派集团的十三人和其他团体的十三人，组成了二十六人的同好团体，一起行动。盐田家的集会聚齐了这二十六个人，他们希

---

① 昭和时期的漫画家。1952年在《读卖新闻》上连载《弥子》出道，擅长画家庭漫画。

② 成立于1932年6月的青年漫画家团体，初始成员有二十位。

望成立一个新团体。

"事到如今,也别叫什么新漫画派集团了。把'新'和'派'去掉,就叫漫画集团如何?"

"这个好,就这么决定吧。"

大家都赞成。大伙凑了外食券,点了外卖,喝了盐田家的酒庆祝。那天晚上,大家就挤作一团睡了一宿。

此时,浅草寺的佛堂养德院内,一个瘦小的青年正寄居于此。他是土生土长的老东京人,家人全被疏散到了外地,就他还一个人死撑在东京。在大空袭中他的家被烧毁,就借住在朋友M的寺中。青年名叫小岛功[①]。他很喜欢漫画,曾经是川端画院[②]的学生,同届的学生还有中川和、加藤芳郎。后来加藤被征召去了战场,当了陆军一等兵。

太平洋战争开始没多久的时候,当时十四岁的中川和来到这所绘画学校,看到教室一隅挤满了人。

"怎么了? 怎么了?"

中川和与加藤芳郎往人群里探头,看见一个剃着和尚头的少年正信心满满地画画。站在他周围对他佩服不已的都是成年人。那个和尚头就是小岛功。

---

① 漫画家,曾任日本漫画家协会理事长,擅画独特笔触的美人图,代表作有《仙人部落》《长恨歌》等。
② 东京的私立美术学校,成立于1909年,创立者是日本画家川端玉章。

第二天，小岛前往中川居住的千住一带。因为中川和当时已经开始创作投稿漫画，小岛为表敬意前来探访。

小岛自己雄心勃勃地开始投稿则是在昭和二十一年（1946年）十月，也就是和从疏散地回来的家人一起住在花川户棚户区的时候。助六①曾在的花川户跟潇洒通达的小岛很搭，但成为漫画家后的生活就可谓艰难苦恨繁霜鬓了。关根义人和其他朋友也逐渐会集起来，大家一起找活干。虽然有时连派一个人当代表去出版社的电车钱都凑不出来，但这些人只要有钱还是会一起喝个酒、聚个会。天气好的话，还会跟无业游民一样晃去日比谷公园，在公园的长椅上争论漫画见解。

黑市与梦想

在大阪站前的废墟上有具不知何时倒在那里的无名尸体。因为没人收拾，尸体逐渐腐烂生蛆，只余骸骨。最后连这些骨头也被野狗叼走，手脚都不见了，只剩下了头盖骨。头盖骨几经风雨，颜色都变得跟石头一样了，还堆在路边。旁边很近的地方就有一位穿复员服的大叔在卖蒸红薯，三个十日元。大阪站前行人络绎不绝，却没有一人驻足留意——这就是战争刚结束时的街头景象。

---

① 指歌舞伎经典剧目《助六由缘江户樱》的主人公花川户助六，江户第一美男。

在历经战火的街道上经常能看到这样的无名尸体，有些人死于营养不良，有些人死于饥寒交迫。在大阪大学的解剖学教室里就有十多具这样的尸体，平常堆在尸池（保存尸体的地方，形似放了福尔马林的澡缸）中，到学生要上解剖实验课的时候再拿出来。这种尸体的胃一般都缩得很小，有时还会从胃里发现一些不像是可以吃的东西。

"就算他们都是饿死的，也别都写死于营养不良就完事！一件事要能写得出四种文章才算是新闻报道！"

说这话的是当时每日新闻大阪总社学艺部的犬饲仁也，人送外号"魔鬼主编"。为了锻炼部下的记者魄力，犬饲对待他们十分严苛。山崎丰子当时就在他手下工作。

"出了报社采访就不要空着手回来！一定要带着新闻回来！"

这时的锻炼对山崎老师执着于事件调查，写出《白色巨塔》和《不毛地带》等名作想必大有裨益。更何况当时学艺部的副部长还是井上靖[①]。每日新闻大阪总社真是人才济济。

当时的报纸是对开版，而且只有两页，没有能登漫画的版面。但我还是厚着脸皮往《每日新闻》的学艺部寄送了自己的漫画原稿，并且附上一封夸张至极的自我推荐信给社长。

我改编了之前画的一个长篇《幽灵男》，重绘了原稿，这

---

① 日本著名作家、诗人和社会活动家，代表作有《风林火山》《敦煌》《孔子》等。

是个非常孩子气的推理故事，信却写得大言不惭：

> 能驱散颓废与虚无的唯有幽默与欢笑。报纸需要漫画。但对当今的那些御用漫画家，还能期待他们出什么成果吗？这份重任只有交给新人来担了。恰巧，我在战争时期画了一些作品……

我把这封信与原稿一起拿到总社前台。前台小姐一脸诧异："呃，这里面是什么啊？"

"啊，这个是……别人委托我送来的稿子。"

"那，我帮你叫学艺部的人出来……"

"不、不用了。"

虽然我慌慌张张地跑了出来，内心却是自信满满。

社长看过信，一定会马上冲向学艺部——

"你们收到写这封信的人送来的漫画稿子了吧？"

"是，刚看完。"学艺部部长说道。

"怎么样？画得如何？"

"哎呀，真的非常出色啊，我们都惊为天人了。"

"是嘛，那赶紧开企划会准备连载吧！你们择日去这位大师家里拜访一下。稿费给多少好呢？"

"我觉得不能少于五百三十日元。"

"好。带上采访小组和摄影团队，去给这位老师拍特写镜头。我们做一期特别报道吧。"

诸如此类。我边走边厚颜开着脑洞。我似乎特别擅长脑内幻想。即便有人跟我谈话的时候,我也时常会陷入与谈话无关的空想,不自觉地变成这场谈话的旁观者。丹尼·凯(Danny Kaye)出演的电影《梦里乾坤》(*The Secret Life of Walter Mitty*)[①]的主角就是这样的人。我觉得自己得的是一种夸大妄想阵发性的精神错乱症,还一度想让精神科医生出身的北杜夫给我看看病。

话题扯远了。总之我已打好如意算盘,认定《每日新闻》一定会登我的漫画。然而左等右等也不见社长给我回信。虽然不回信是理所当然的,但当时的我可不这么认为,一直等待着,最终还是没有任何消息。

那个时代,连看到漫画的机会都极少。偶尔看见美国大兵掉在路边的《星条旗报》,我都会两眼放光,赶紧捡回家剪下里面刊登的连载漫画。那时占领军中好像有迪士尼公司的动画师,曾在《每日新闻》上连载漫画《美国大兵的日本印象》。画风是非常鲜明的迪士尼风格,我特别开心。但内容就不堪入目了:一个龅牙、戴眼镜的小个子男人穿着高齿木屐——典型的日本人模样——眯着眼,趴在地上捡美军从吉普车上扔下来的巧克力;一个狐狸眼的姑娘对美国大兵抛媚眼,她身后是小

[①] 1947年上映的美国喜剧电影,另有中译名《白日梦想家》。主人公的名字Walter Mitty已成为美国俚语,特指那些爱空想的人。

我是漫画家

田原提灯①和艺伎屋的招牌……而美军一个个都像超人那样魁梧。这样的漫画没法说它有趣。连载很快就终止了。

其实战争期间美国漫画里描绘的日本人形象更过分。有本漫画画了特种潜艇②，里面的日本人都长得像猴子一样，还被唤作 NIP（比 JAP 更低级的称呼）。战时迪士尼还做过一部动画电影《空中制胜》(*Victory Through Air Power*)，里面把日本人画成了极端的野蛮人。说来也是，日本人也叫美军"洋鬼子"，把罗斯福和丘吉尔画成狸猫、猴子，大家彼此彼此。顺带一提，近来美国漫画中出现的日本人形象都变得非常正面了。所谓国民感情，真是令人心惊。

处女作《小马日记》

我的邻居在《每日新闻》的印务部工作。一天，她对我说："我跟学艺部的人说了你画漫画的事，对方想跟你见个面。要不要一起去报社？"

刚经历过之前的失败，我虽不大起劲，但还是决定去看看。

我被带到二楼昏暗的接待室，正东张西望时，一个气质沉

---

① 一种能折叠放入怀中的圆筒形灯笼，传闻中由小田原的甚左卫门创制。为了纪念，小田原电车站挂有标志性的巨大灯笼，上有"小田原"三个大字。
② 旧日本海军用于奇袭的小型潜水艇，是日本海军偷袭珍珠港的重要武器。

稳的人走了进来。"我是《少国民新闻》的主编程野。"他介绍道。

《少国民新闻》是昭和十一年（1936年）创办的儿童报纸的先驱（后改称《每日小学生新闻》），颇具权威，曾刊登过海野十三的科幻名作《火星兵团》。

"我从她那里借了你的漫画看过了。你要不要尝试画四格漫画？"

我想说的话全被打断了，一下慌了手脚，完全没自信地回复道："那个，我……只画过长篇漫画，对四格有点……"

"没事呀，试试看嘛。"

"啊，那我画画看。画好了明天拿来您看看。"

"稍等一下，见一下学艺部的主编，互相认识一下吧。"

程野将我带到犬饲主编那里。当时在学艺部工作的山崎丰子盯着我这个穿着学生制服的毛头小子看，估计在想：这家伙来做什么？主编看了我的作品后，可能在想：这个画漫画的倒是挺特别。他边上的井上靖副部长则头也没抬地专注自己手头的工作。

当晚我就吭哧吭哧地窝在被炉里画出了五六张四格漫画。也许是这个原因，其中有不少场景都画到了被炉。

"这些不错啊。年底前画个二三十页给我吧，但我们只会从里面选一些出来，可以吗？"程野边看边说，"说起来，我想问问你，你想成为漫画家吗？"

"没想过要当漫画家呢。我觉得我会成为儿科医生吧……"

"噢,当医生很好啊。你可以在药袋上画漫画,这样患者康复了都还会来买药呢。哈哈哈——"他说着笑了起来。

就这样,机缘巧合下,我的第一部作品《小马日记》从第二年的正月开始在《少国民新闻》上连载,只能说我实在太幸运了。

除夕夜那晚,我连眼都没合。明明我是在放榜前一天都能呼呼大睡的人,那会儿却异常兴奋,只盼着赶紧天明。清晨六点半左右,我顶着寒风一路跑向车站边的报摊。天冷得似乎心都要被冻住。到了报摊,《少国民新闻》还没有来,我只能坐在站内月台的长椅上等到八点。等待期间,我几乎冻僵,牙齿打战,头痛欲裂,一心只想吃杂煮。

然而,我那么煎熬地等待毫无意义,报纸还是没来。我横下心,决定坐电车到下一站买,结果下一站仍没有报纸。我又往前坐了一站,这里的卖光了。我饥肠辘辘,饿得几乎虚脱,干脆坐

《小马日记》

到大阪，跑到报社，终于买到了三份《少国民新闻》，第一次看到了印刷出来的自己的画。

从那以后二十余年，我在漫画之路上尝尽酸甜苦涩，想来那一天就是这一切的开端。

各自的青春

同一时间的青森县三户町，复员归乡的前特攻兵马场登开始做黑市交易，尚未熟练上手。他的哥哥也复员后，两人商定去岩手县的山里开荒，当开拓农民。他们在山中买了房子，在那里过了一个冬季。北国的冬天山中积雪太深，挡住了下山的路。没办法，马场登只能和哥哥就着盐汁吃咸菜，再一个劲地灌浊酒，以此度日。更惨的是，他们原本计划开荒的土地村里又不分给他们了。兄弟俩只好在家闲晃悠。卖房子给他们的男人是个木工，看他们这样，就对他们说："没事做的话，要不要学着做木工？"

马场登感觉这活干得来，于是回答说："那我试试吧。"

就这样，他开始干木工活，真正上手的时候却干得一塌糊涂。而且当建筑工头是不能喝酒的，可马场登总趁着上梁仪式等可以喝酒的场合肆无忌惮地灌酒，好似他接的活是拼酒似的。老出这种状况，他很快就被开除了。

也是同一时间，水兵古泽日出夫坐上了回日本的船。

他曾经是动画导演。那时候，动画导演也一个个地被征召入伍。但是在日本电影社工作的年轻动画导演福井英一没有收到召集令，可能是因为要安排他们制作军队御用电影吧。大伙都开福井英一的玩笑："你呀，就是所谓的种马啦。我们上战场期间，你就早早结婚、多生孩子吧。你要是在内地蹉跎岁月，我们可饶不了你。"

当古泽日出夫回国的时候却发现福井还是单身，不禁怒道："你这个傻瓜，浪费了大好时光！"

福井深感丢人，小声说道："我还没跟女人睡过……"

当时已过了青春时代的那代人，不要说热衷于追年轻姑娘、跳舞玩乐、看电影，就连像样一点的娱乐方式都没有。也因为如此，那时候的人没有爱好，不懂风雅，不会休闲娱乐，甚至也不关心休闲娱乐。这样的影响持续到现在。算年龄，现在的他们也已经成了公司科长、部长，年轻下属们可是很受不了他们。

"部长，这次的赛马，大伙都下注了，你不赌一把吗？"

"马？吃马肉我可以。"

"今晚三缺一。部长，如果你也玩麻将的话，请来我家……"

"我讨厌赌博。那叫什么来着，麻雀牌？用手指搓来搓去感觉太不卫生了……"

"我们出海钓鱼吧!海钓能让人增强气魄哦。"

"你听着,我们家还没有窘迫到买不起鱼。"

"部长,你可以玩玩高尔夫呀。"

"老人才玩这种游戏,我不喜欢。"

"那……玩保龄球、滑雪、溜冰都好,可以跟年轻人多交流交流嘛。"

"现在这把年纪才开始练习,被你们看到我摔倒在路边的样子,估计可以上公司小报了。我不干。"

"那么,部长你有什么兴趣爱好吗?"

"喝酒。只有酒。半醉半醒间借着酒聊人世悲欢、世间百态。怎么样?我有很多话想说给你们听呢,今天你们陪我吗?"

这种论调真让人相当无语。战争结束后,福井英一也做了动画主管。他粗野直率、纯朴古板,写字都写楷书,讨厌外来语,坚持写汉语词。他就是这样彻底的民族主义者。

有这样一段逸事:某阵子他总和一个损友约酒,导致工作大幅停滞。于是他给朋友写信,想告诉朋友暂时无法作陪了,结果写了"挥泪斩马谡"这样一句话。这话说得太重了,朋友吓了一跳,赶紧跑到他家看看是怎么回事。结果,福井闹了个大红脸,不好意思起来,两人又跑出去喝酒了。

福井英一是土生土长的老东京,他出生在芝区白金町,在川端画院学画画,加藤芳郎他们都是他的学弟。战争刚结束不久,福井协助集结了此前分散到各行各业从事别的工作的动画界人士,共同创立了一个叫"新日本动画社"的公司。福井作为创始人,年纪轻轻就做了主管,领导手下一群动画导演。后来公司内部分裂,毕竟原本就是硬凑起来的团队,分裂也不足为奇。公司改名为"日本漫画电影有限公司",可能是画画的人大多自尊心强烈,爱以自我为中心吧,这家公司运营得也很一般。最后,政冈宪三和山本善次郎等骨干离开公司,在新宿的若松町成立了一个新的动画制作公司——日本动画电影有限公司,福井英一这些人也跟离群之雁一般跟了过去。这家位于若松町的制作公司就是东映动画的前身。

3

再生纸文化

编者按:再生纸是"二战"后日本用废纸或碎木纸浆等制成的粗糙洋纸,日本的漫画杂志和单行本多用再生纸印刷,这里有指代意。

《漫画少年》创刊

高傲的麦克阿瑟将军似乎不愿见日本人，连和他交往最密切的首相吉田茂，一年也只能见他几次。对日本人来说，麦克阿瑟就是新的神，而GHQ（驻日盟军总司令部）就是祭祀他的神殿。

在当时，GHQ这名字比地狱的阎王还要恐怖。

昭和二十年（1945年）十二月，GHQ彻底否定了"神国日本说"，禁止任何人教授修身课①、日本历史课和地理课。

传媒行业深陷泥潭，尤其电影行业，真是举步维艰。之前靠拍时代剧赚钱的公司，再也不能随便拍时代剧了。要是剧中出现封建思想可是会触犯天条的，于是大家都转拍现代剧去了。曾经身着和服衣袂翩飞、腰佩双刀横冲直撞的演员们如今只能穿着拘谨的西服正襟危坐，那副僵硬呆板的样子真够荒唐

---

① 日本旧制中小学的道德教育课程，教科书上多登载伟人故事，有"正直""勤勉""正义""公益"等科目。

可笑的。即便偶尔有时代剧上映,里面的浪人剑客也不再打打杀杀,而是笑着说教民主论,实在无聊至极。

当时,街头总有人派发些奇异的小册子。

内容呢,上至天皇制下至淘粪车,哪个都要批判,写的尽是些警告。

举个例子:

> 相扑是日本从野蛮时代沿袭至今的遗物。靠赤膊打架来取悦观众,完全体现了日本人有多低级。热爱民主的人,不要看相扑。

都是这类内容,看完之后感觉怪怪的。不知什么时候起,大和民族就被贴上了心智未开化的标签。

最让人们街谈巷议的还是"天皇是什么"这个问题。

昭和二十一年(1946年)一月,天皇发表了《人间宣言》:"朕非神,乃凡人也。"

对中老年国人来说,这个宣言是惊天动地的冲击;但年轻人很轻松地接受了天皇就是普通人这一事实。

当时的美国漫画中有这样的描绘:御座上坐一个身着正装、宛如奈良大佛一般的铁制天皇,用起重机把它吊起来之后发现里面空空如也,只瑟缩着一个小小的肉身天皇。人们从收音机里听到天皇在和别人说话时常会回答"啊,这样啊",这句话转眼就成了流行语。①

之后,GHQ下令革去军国主义者的公职,解散超国家主义②团体。这些命令被过度执行。

讲谈社的加藤谦一就是受波及的人士之一。因战时发行的《少年俱乐部》带有军国色彩,加藤被革职,同时被驱逐的人还有须藤宪三。别说退职金和津贴了,GHQ禁止任何一家出版社聘用他们,且终生不得再踏入讲谈社半步。

其实,此前加藤就以顾问的身份加入了亲戚创办的尚文馆③,推出了《痛快少年》《棒球少年》等少年杂志。当时棒球可不如现在兴盛,推出这种杂志其实相当冒险。不料杂志大受欢迎,印了十万余册。

杂志还请了当时巨人队的教练三原修当顾问,对此佐藤八郎④在某报纸专栏上写道:"不懂棒球的加藤做棒球杂志并且大卖,实乃近来七大不可思议事件之一。"

然而现在加藤被出版界彻底驱逐,连尚文馆也去不得了。

---

① 昭和天皇在天皇举办的社交游园会与参会人员亲热攀谈时,常用"啊,这样啊"来回复对方,意在表示天皇不会轻易表达自己的想法与意见。
② 指20世纪初北一辉等人推行的法西斯主义政治思潮与运动。宣扬日本应成为世界的统治者,强烈要求改造国家和对外扩张,并试图采取激进的直接行动。为了与明治的国家主义、国权主义相区别,称其为超国家主义。
③ 芳文社前身。
④ 日本诗人、作家。热爱棒球,当过棒球后援会会长,写过很多以棒球为主题的诗歌和小说,号称"**棒球诗人**"。

3 再生纸文化

这就很头痛了，完全没收入了，总不能去做黑市商人或挑担小贩吧，而且加藤一直从事青少年文化传播事业，这些经验也不能白白浪费。

"该怎么办呢？"

"出一本新杂志如何？发行人可以挂我的名字。"加藤夫人提议道。

"我可以做编辑！"加藤的女儿美沙子也挺身而出，"爸爸你就做幕后，稿子我来交接。"

"真是太感谢你们了。"

加藤马上开始召集漫画家和作家。

美沙子跑到当红作者吉川英治和佐藤红绿家，说明了情况。

山川惣治[①]欣然接受邀请，表示"这可真不错，我来供稿"。

尚文馆负责供纸，须藤宪三负责印制。

"仓金章介老师也答应了供稿。"

"井上一雄、原一司、石田英助老师也愿意画哦。"

美沙子的一连串报告让加藤喜不自禁。

"长谷川町子老师也答应画。老师还说她看到大海，想给主人公起个鱼类或者贝类的名字，所以打算给这部漫画起名叫《海螺小姐》。"

"哇哦！这样的话，我们已经约到七部漫画了。"

---

① 日本著名漫画家，代表作有《少年肯尼亚》（简体中文版叫《非洲历险记》）、《少年王者》。

"七位作者，那就是七福神①喽。"

"没错，连弁才天女神都有了。"②

加藤微笑着，感到干劲十足。

杂志取名叫《漫画少年》——创刊号的编辑工作稳步进行。加藤为创刊号写了寄语：

《漫画少年》

> 漫画能照亮孩子的心；
>
> 漫画能愉悦孩子的心；
>
> 因此孩子们最喜欢漫画。
>
> 读《漫画少年》就可以让孩子感到光明和快乐。
>
> 《漫画少年》刊载的小说和漫画能滋养孩子，让他们长大成为正直纯粹的人。日本的孩子们呀，愿你们读着《漫画少年》，坦荡、开朗、端正地成长吧。

《漫画少年》的发行社学童社成为战后漫迷的根据地，这

---

① 日本神话中主持人间福德的七位神，包括六位男神、一位女神。究竟是哪七位，说法不一，但女神一般指弁才天。

② 指长谷川町子。

本杂志培养了不计其数的儿童漫画家和成人漫画家，为今日的儿童漫画热潮打下了基础。如今这本杂志成了一个神话，跟布面精装版的《野狗小黑》一样，有市无价。

讽刺杂志《先锋》

> 将红苹果凑近唇边，
>
> 静静看着蓝蓝的天。

并木路子唱的这首《苹果之歌》是战后创作的首支欢快的歌曲。像混沌空气中的一缕清风，给人们带来新希望的这首歌广受欢迎，在大街小巷广为传唱。

杂志和报纸如雨后春笋般涌现，尽管纸张劣质、印刷稀烂，买书的人却趋之若鹜。

民众们如饥肠辘辘的文化野兽般——如此形容再贴切不过——贪食着新时代的各种读物。当《读者文摘》（Reader's Digest）推出日文版时，各大百货商店的图书卖场挤满了疯狂抢购的人，还有些店家乘势将其搭着其他三四本无聊的书一起卖。

《新夕刊》有清水昆和横山隆一的连载，《东京时报》有南义郎，《赤旗》有须山计一，老漫画家们也相继活跃起来。

其中有一本名叫《先锋》（VAN）的独特杂志。编辑是伊藤逸平，共出版了五十期。

伊藤一直以来担任《摄影机》的主编，后跳槽到出版过《讽刺文学》《科技新时代》①的 EVENING STAR 社，策划出版了《先锋》。伊藤一身反叛的傲骨，对当时占领军的政策很是反感。《先锋》的卖点是凹版印刷照片漫画，伊藤自己也参与制作。这是本带有强烈社会批判色彩的照片集，但《先锋》的真正成就在于杂志刊登的许多漫画。在这本杂志中，横山泰三、加藤芳郎、谷内六郎、风间新人等新进漫画家相互较量，陆续登场。伊藤还专门开设了海外漫画专栏，介绍了许多有名的外国漫画家，弥补了战争时期的资讯空白。在当时的日本，别说斯坦伯格、安德烈·弗朗索瓦、贝内了，连《勃朗黛》的作者奇扬都闻所未闻。②

《先锋》创刊号的封面图画的是乞丐般的国民仰望着囤积黑市商品的商人，绘图者是横山隆一。

横山开始在杂志上连载《乞丐王》，主角就是乞丐的头目。从那时起，横山隆一就十分关注乞丐，画了许许多多以职业乞丐为主题的作品。这些乞丐丝毫不寒碜，他们意气昂扬地主张

---

① 美国月刊杂志，主要刊登科技文章，此处指的是该杂志的日语版。
② 索尔·斯坦伯格（Saul Steinberg），罗马尼亚裔的美国漫画家和插画家，最出名的作品是他为《纽约客》绘制的封面《从第九大道看世界》（*View of the world from 9th Avenue*）。安德烈·弗朗索瓦（André François），匈牙利出生的法国漫画家，平面设计师。雷蒙德·贝内（Raymond Peynet），法国插画家，设计了著名的贝内恋人娃娃。奇扬（"Chic" Young），美国漫画家，创作了新闻连载漫画《勃朗黛》（*Blondie*）。

自己的权利,和路人平等地对话。这也算是战败国的一种微不足道的抵抗运动吧。

马场登的转行之旅

在青森偏僻山村里学习木工活的青年马场登常常感到苦恼。他可不想干一辈子木工活,于是他回到故乡三户町,在对面村子里做小学的代理教员。因为教师人数实在太少,所以马场老师不仅要教自己负责的班级,还要去同一校区的中学教授图画手工课。但是,革职查办的风暴也波及了这边。

因为有参加过预科练习生的经历,马场老师突然就被开除了。"这也太荒唐了吧!我只在基地待了几个月,又没有开过飞机,这也算参战吗?"

愤怒不已的马场在乡间小道上偶遇一位友人。朋友听了他的遭遇,就说:"这样啊,那你有没有兴趣来我们农协工作呢?刚好我们现在人手不足正发愁呢。"

招工也难啊。马场很高兴。刚失业就找到了新工作,他可真是一位幸运儿呢。马场为自己的幸运窃喜,第二天就到农协当书记员去了。同时,他又对 GHQ 的做法很不满,于是直接写信向 GHQ 抗议。这时传来了好消息:"马场啊,听说县里边有个管教育的,叫啥来着……哦,叫'视学'的官会去你们小学视察呢。"

"啊?"

"如果他来的话,说不定能帮你调解革职的事。"

"那正好,我直接找他谈!"

马场骑着吱扭吱扭的自行车,足足骑了两小时才到了山里。和视学官一见面就拉住对方,拜托他无论如何要帮助自己解除革职处分。

"GHQ比较在意'预科练习生'和'满洲开拓义勇军'这两个团体……这样吧,我和第二复员局说说你的情况,因为你是在战争结束时晋升的,也就是所谓的波茨坦士官①,有可能会考虑到你的这些情况,让你重返工作岗位。"

之后马场果然如他所说的解除了革职处分,又回去当代课老师了。

"啊,我可真是幸运啊。"他又一次体会到自己的幸运。

重执教鞭之后,马场画画的欲望再度探头。他虽然画过涂鸦式的漫画,但从未想过可以靠画漫画为生。直到偶然结识了从东京疏散到这个小镇暂住的作家白木茂②——"我大阪的朋友认识一家出版社,能出版漫画。马场,你既然没事爱画漫画,不如正儿八经画个作品投稿试试?"

因为白木推荐,马场就画了一本儿童冒险漫画寄了过去。

---

① 日本在接受《波茨坦公告》投降后,为了提升军人待遇和家属抚恤金,将全军升了一级,在此期间的晋级被称为"波茨坦晋级"。
② 日本儿童文学家、翻译家。翻译了《少年火星探险队》,合编了《儿童文学辞典》。

作品取名叫《怪盗卡波莱团》。没多久，送去的稿子正式出版了。马场老师感到此事大有可为，遂将自己所有的空闲时间都拿出来画漫画寄送出版社。就这样，随着他在漫画界声名鹊起，他画漫画这件事在学生之间流传开来，连其他老师也知道了。他们也没法管，就让他随自己的性子继续画下去了。

可是一年后的某天，马场听说校长和副校长抱团行贿受贿。一天晚上，马场在酒席上和校长争执了起来。本来就喝上头了，再加上他觉得自己应该代表其他教员——不，甚至是日本所有的教职员工——伸张正义，不然枉为男子，于是马场燃起了斗志，气势汹汹地开口。

"校长，你可别不当一回事。今年三月教员调动时，你偷偷使手段铲除了原本不用调走的同事吧？"

"哪有这种事啊……"

"没有文部省的指示可无法调动教员！你怎么可以伙同副校长做手脚？"

"有、有证据吗？证据呢？"

冷静下来想想，虽然看起来非常可疑，但的确没有证据，没有抓到狐狸尾巴。糟了，马场开始后悔。

"不，这……呃，虽然没有决定性的证据……但不会错的。我现在就仔细调查搜集证据，你等着瞧吧！"

"是你搞错了，马场君。"副校长说道，"首先，你要从何查起?"

"这是我接下来要考虑的。唔,要是真没证据的话的确麻烦。今天的事我认错。但是,我一定会重提此事的。校长,你做好心理准备吧!"

第二天早晨,马场到底还是去校长室道了歉。就这样拖拖拉拉过了几个月,其间副校长大概是内心有愧,一个劲地讨好马场。当时学校分发的工装衣料、学习用品,副校长都先凑到马场那里说:"马场君,你不用花钱买毛衣了。发的东西我都特意给你留了一份呢。"

这里面还有一些是别人行贿的东西。"真是越来越可疑了,敌人这是在采取怀柔战略。"马场这样想道,更受不了这里了。

碰巧那时八户市附近的美军兵营贴出广告要招募画家。马场前去应聘,一下就通过了考核。

这可正中下怀,马场怒交辞呈,大手一挥离开了学校。

"哎呀,正受不了现在的工作,马上又找到新工作,我真是太幸运了。"他已经这样感慨过很多次了。但是美军兵营里能有什么画画的工作,顶多画画派对邀请券。军营俱乐部会盛大举办年末聚会、结婚聚会等活动。那些聚会券上的画全部要手绘,足足要画两百张。

同样一幅画画两百多次,早就没有什么特别的感觉了,简直可以说是一种修行。虽然不需要一口气全画完,但是画到最后总会枯燥得受不了。于是,他开始在卡片上画一些不一样的图案。比如画美国大兵跳舞,每个人的舞姿他都画得不一样,以此找一些乐子。

不久,白木茂准备回东京。

"马场啊,你这样的漫画家待在东北可埋没了啊。我要回东京了,你要不要一起来?我可以帮你介绍出版社。你点子那么多,完全可以靠画漫画过活啊。"

马场哪有不愿意的,他没有西装,就穿着一件夹克式的上衣跟着白木到东京去了。

这些都是马场登还没有留那标志性的小胡子之前的事了。

南部正太郎和关西的漫画家们

昭和二十一年(1946年)三月,旧日元替代了新日元,同时公布了物价统制令。接着,四月份举行了战后首次众议院选举,吉田内阁成立。吉田首相简直是漫画家创作的绝好素材。他的长相很有特点,行为举止更是不走寻常路,如果漫画家们要给创意提供者写感谢信的话,他绝对是收到信最多的人,第二名才是全共斗[1]的学生们。

---

[1] "全学共斗会议"的略称,于1968—1969年日本各大学掀起的学潮中形成。以大学为单位,主要成员是无党派激进的活动家和一般学生,参与抗争的学生们多头戴头盔、手拿棍棒。

爱抽雪茄、穿白足袋；向新闻记者泼水；称劳工是"不逞之徒"；出席巴黎和会；通过《罢工规制法案》；初建防卫厅、自卫队；一人道路；大矶参拜；臣吉田茂……[1]漫画家讽刺恶搞的往往是坏蛋恶人，已故吉田氏明明是正面角色，却生生演出了反派的效果。

虽然国民的贫困生活一时催生了片山内阁这样的社会党政权，但是片山内阁辜负了大众的期待，未能取得什么成果，也没有抑制住通货膨胀，结果民众还是不得不把自己的希望寄托于吉田首相身上。美国文化无孔不入地入侵日本，东京六大学棒球联盟、都市对抗棒球赛相继复活，红灯区到处挂着学美军基地的横写招牌，随处可见美国人俗称"panpan"的私娼，皮条客则被美军扔下数寄屋桥[2]。

宝冢的少女歌剧也在昭和二十一年（1946年）四月复活。当时上演的剧目是《卡门》和《春之舞》。全女班《卡门》让大众十分好奇，一时间成了热门话题。

---

[1] 《罢工规制法案》是"关于规制电气事业及石炭矿业争议行为方法的法律"的略称，制定于1952年。一人道路指横滨户冢区柏尾町至户冢町的1号国道绕行道路。因吉田茂受不了此地的交通堵塞直接指示修了这条路，故得名"一人（one man）道路"。吉田茂在引退后住在故乡大矶，许多政要人仍多次登门拜访，人称"大矶参拜"。1952年11月立明仁亲王为太子时，吉田茂向昭和天皇自称"臣茂"。此事被日本媒体广泛批评，称其为"时代错误"，但吉田得意地声称"臣是总理大臣的臣"。

[2] 连接东京中央区银座至千代田区有乐町、曾架于江户城外护城河上的桥，现已拆除。

我的一个女邻居恰好是宝冢直属杂志《歌剧》的编辑，经她介绍，我也帮着编杂志，能自由出入歌剧团。这位邻居就是现在成为香颂词作家、活跃于歌坛的岩谷时子。

歌剧场后台门口，妙龄粉丝们围作一团。我喊着："闪开闪开！里面工作忙得很呢！"分开人墙走进后台会有种优越感，但这也不是什么正经工作。

在这期间，《少国民新闻》的副主编上田对我说："京都有熟人想出动物绘本，你要不要尝试一下？"有工作我当然乐于接受。于是我试着画了狮和豹的亲子故事，因为是在夜晚昏暗的灯光下画的，原本打算涂黄的地方涂成了白色。最后成品里的那只小狮子看起来更像白熊和白猫。

上田问我："这到底是什么动物？"

"这是珍稀物种，雪狮子。"

"有这种动物吗？"

"世上总能找出一两只吧……"

"希望你画些更常见的动物啊。"

最终我的画没被采用，但我从中获得了灵感。

"白色的狮子……感觉这个点子可以用在漫画里呢。"

虽未被采用，但我得到了在京都某报纸上连载的机会，真是幸运。

一个女编辑来约稿。

"唔，用京都特色的元素，寺院、舞伎之类的主题画些故事如何?"

真是不负责任的要求。哪有可能每天想出十几张寺院题材的故事来画啊？话虽如此，我还是画起了小和尚与舞伎的恋爱故事。① 这家报纸印刷奇差，有时候小和尚和舞伎的脸印得像长了胡子一样黑成一团。印主人公求婚的名场面时，不知什么原因版没对好，把主人公印了个嘴歪眼斜。我实在忍不了，冲到报社闹了一番。

当时，在大阪销量颇高的报纸是《产经新闻》的前身《大阪新闻》，这份报纸对漫画比较热心。另外，还有一份月刊杂志《漫画日本》，前身是漫画杂志《大阪精灵》。这些杂志自然而然地聚集了一批漫画新人，其中就有一位叫南部正太郎的无名青年。

南部正太郎原本是建筑设计师，画漫画他是纯新人，但他有审美。昭和二十年（1945年）年底，他画了十回《Q太郎的青春笔记》投稿到《大阪新闻》，广受好评。第二年开始连载《屋檐下的三儿》，并取得了爆炸式的成功。

面无表情、带少许虚无感、不修边幅却充满活力的三儿让生活艰苦的民众很有共鸣，甚至不经意间催生出了"三儿糖果""三儿食堂""三儿花火大会"，掀起了一阵"三儿热"。

南部单身，是重度烟民，习惯戴高度近视镜死盯着人看。

---

① 日本的和尚更像寺院的管理者，只宣扬佛法，不受持戒律，可以恋爱结婚。

有时会因为神经衰弱休载，这时读者的抗议就会杀到报社。之后还出现了同类书和追随者，三儿的火爆程度一时间改变了关西报纸漫画的风格。

如今在佐藤三平笔下的漫画人物里我们还能看到三儿风格的影子。《富士三太郎》《朝风君》的主人公也都是扑克脸，有点怪怪的，会突然做出大胆的举动，让人联想到三儿的性格。佐藤也是大阪人，原本是大丸百货店的店员，后转行成了漫画家。也许他在练笔的时候无意间受到了《三儿》的影响吧，如果猜错了还要对他说声抱歉。

我因《大阪新闻》结识了南部正太郎，再加上武田将美，我们三人组了个小组叫"Three Manga Club"。Three 是三人组的"三"，但很多人都认为是《三儿》的"三"，可见我和武田的存在感很弱。

我们三个人只要见面，一定从头到尾都在聊电影。如果聊漫画，肯定会聊到《三儿》，南部还会辛辣地批评其他漫画，三个人很难达成共识。但是南部对电影非常了解，他意识到了《三儿》的局限，渴望能画出更电影化的大部头作品。他开始钻研 8 毫米电影[①]，我们去他家，他就会用他像是纸戏剧般的拉帘式小荧幕播放自制的剧情电影给我们看。有一次我邀请他去看宝冢歌剧，但是他对少女风不感冒，看到中途竟

---

① 8 毫米电影是胶片宽度仅 8 毫米的电影，是电影能拍摄出的最小规格影片，于 1932 年问世，主要用于摄制家庭影片、实验影片及教育影片。

呼呼大睡。

虽说有人因征兵和疏散离开，但这里到底是东京，聚集着为数众多的漫画家，他们在多种多样的舞台上活跃着。而地方上没有那么发达的大众传媒，一般读者对漫画的认识比较少，能够出头的漫画家也就不多。

在这其中，南部正太郎算是个特例。毕竟关西是以《朝日新闻》《每日新闻》为首的商业报刊的中心地带，有着独特的活动能力。所以战后最早盯上出版企业的也是关西地区，很大程度上还要归功于被称为"大阪赤本"的低劣出版物。它们就像细菌一样迅速繁殖，逐步渗透至全国各地，关西的漫画家也因此才有了崭露头角的机会。

令人遗憾的是，关西的漫画家有他们的局限。因为有局限，自己拖了自己的后腿。本来，创作漫画应该对当权者提出讽刺与警告。但在关西有权的不是政界人士，而是经商者。说白了，就是得敢在漫画里开松下幸之助的玩笑。然而，在当地往往有这样一种氛围倾向："光这样有什么意思啊，狠批永田町①和政界才痛快吧，我们只是地方人士，讽刺挖苦还是留给东京的漫画家去做吧！"自己给自己设限，就容易困在一定范围内，因此关西漫画家里出不了织田作之助、司马辽太郎、黑

---

① 日本政治中枢区域，国会议事堂、总理大臣官邸、各大党派本部皆位于此。

岩重吾这种人物。①

"还是得去东京啊。"地方漫画家总这样感慨。谁谁去东京了，谁谁在首都创作了，这样的消息在我们的圈子里总是光速传播。

但是，在与报刊传媒毫无关系的领域，也有人反过来拿庸俗、固执当武器，不断成长，他们就是儿童漫画家。不论内阁怎么变动、政治怎么运作，读者是孩子的话直接影响不大。儿童漫画家只用关心一件事：怎么给孩子创作有趣的故事，让他们读得开心？在这种层面上，在中央在地方创作差别不大。看看现在活跃着的儿童漫画家大半都是关西出身就能明白这点。遍布全国的学生漫画社团中也是创作儿童漫画的社团更有积极性。

我也曾有一个时期在大阪和京都的报纸杂志上发表过政治、风俗题材的漫画，但最后还是决定继续坚守画儿童漫画，这样做对我更有利。

---

① 织田作之助、司马辽太郎和黑岩重吾都是大阪出身的著名作家。织田作之助是"无赖派"的领袖作家，代表作有《夫妇善哉》《青春的悖论》《世相》。司马辽太郎是历史小说巨匠，代表作有《关原之战》《新选组血风录》《坂本龙马》。黑岩重吾是日本当代著名的大众文学作家，创作高产，代表作有《不道德的手术刀》《白昼的死角》《假日的断崖》。

创作《新宝岛》

酒井七马是关西漫画界旁系的一个大佬级人物。说是旁系是因为这个人跟主流漫画圈的报纸杂志关系很浅,主要在做动画、办漫画杂志以及下功夫培养新人,名声没那么响亮。昭和二十一年(1946年)的夏天,酒井七马担任顾问,一个叫大坂时夫的青年担任编辑,出版了同好杂志《漫画人》。虽说是同好杂志,但能在车站售卖,也算是商业杂志了。实物不过是随便翻翻就能看完的小册子,但从全国会集而来的同好会员竟然达一百五十人。比如片冈敏男、南部正太郎、广濑蟹平、田中正雄、田中晋一,还有东京的小岛功、关根义人。

酒井看了小岛功的投稿后赞道:"哎呀,画得真好!很期待他将来的作品。"小岛后来回忆起这本杂志,却说得十分辛辣:"那杂志没什么审美,封面还做得有点崇洋媚外。"封面是酒井亲自画的。可当时创刊号的封面突然被驻日盟军总司令部要求例行审查,出版中途受阻。编辑大坂时夫只能在自己家欲哭无泪地用午餐的白饭当糨糊,一本一本粘上其他版本的封面。

我在《漫画人》的例会上第一次见到酒井。

每位会员都会把作品给酒井看,听取他的意见。酒井仔细看了我学生时代画好的一部长篇后,对我说:"有出版社过来约稿,我编剧你作画,我们合作一部长篇漫画如何?"这完全是出人意料的邀约,我有些不知所措,但更开心。毕竟过去我只是自顾自地练习画长篇漫画,闲暇时画画四格漫画和单页漫画来消遣,而这样一本两百页,还带卷首图的战后首发豪华版漫画的企划,对我而言简直是天降好运。

"我在本子上画了些样例,但那些顶多就是个纲要,手冢你不用拘泥,按你的意思处理就好。"酒井这样对我说。于是我一口气买了大批稿纸,蓄势待发。

开始作画之后却遇上了困难。因为紧张,我竟完全画不出让自己满意的画。和以往的工作不一样,这是要直面世间评论的大企划,它甚至会决定我作为漫画家的命运。这部作品叫《新宝岛》,是一部将《金银岛》《鲁滨孙漂流记》及《泰山》乱炖而成的动作漫画。

《新宝岛》(封面)

我真是被"泰山"折磨得不轻。因为当时的我骨瘦如柴,很难把握肌肉结实的角色形象。无论怎么画,笔下的泰山都跟牛蒡似的,毫不生动。我终于到了极限,准备随便画画了事,酒井则干脆把我绘制的人脸都用纸贴住,重绘了一遍。可惜,主人公的身材依旧画成了精瘦的牛蒡模样，和超人般的面容根本不搭配。后来新关健之助形容主人公像"源义经戴上了弁庆的面具"。要是我再认真点打底稿或许会好一些吧，为此我后悔不迭。

到了秋天，《新宝岛》的绘制仍迟迟没有进展。

同时，我在某地方三流报纸 S 上发表了自己的漫画，我改编了自己学生时代的长篇漫画《遗失的世界》，使其适合登载在报纸上。这是一次失败的创作，我很懊恼，陷入了自我否定的境地。

正如前述，当时是《屋檐下的三儿》的全盛期，报社强烈要求我模仿《三儿》的画风，但是要用《屋檐下的三儿》的画风来画长篇科学漫画实在有点强人所难。最后我自暴自弃，在结尾处加入了大尺度的黄色情节。令人大跌眼镜的是，唯有结尾部分大受欢迎。嗯，S 就是这样的报纸。

那个年代，还没有能结集出单行本的漫画书。市面上尽是些廉价粗陋、顶多也就值个十日元的绘本，但是连那样的书出版一本也能卖出二三十万本，所以那些泡沫出版社赚得盆满钵满。

由于 GHQ 一直紧盯，像历史军政、武打动作之类的题材都不能画。当时的漫画只画天真无邪的动物故事、和占领军相处的诀窍奥义、汉字和英文的书法教学或者安徒生或格林童话的改编故事。即便是安徒生的故事，也只能印刷在容易破损的再生纸上，字都看不清楚，实在令人难以忍受。

在这样的背景下,还是一直有人试图推出有良心的漫画刊物。比如东京漫画集团成员编绘出版的《儿童漫画报》就是"漫画界的良心"。除了登载当时大受欢迎的作者横井福次郎的漫画,还有秋好馨、和田义三、永井保、小川哲男等几位作者的作品。其后,横山隆一、西川辰美、松下井知夫、加藤芳郎也加入进来。就和报纸的名字一样,这个团队里的所有成员都画儿童漫画,这也是一段珍贵的历史了。

赤本漫画[①]热潮

"二战"前就已经有长篇漫画了。《野狗小黑》《冒险丹吉》这样的短篇合集单行本先不论,还有《长靴三枪手》(井元水明)和《火星探险》(大城登)这种没有连载直接出单行本的长篇漫画。这些漫画为上个世代的读者带来许多乐趣,但是这种形式也有其局限性。

首先,狭窄的分镜框没法发挥故事的最大魅力;其次,当时人们认为儿童漫画就得画得明快愉悦。漫画这种娱乐忽然就身负重责——得有教育意义,得画给好孩子看,还得先得到

---

① 江户时代的书商为了多销通俗小说,用劣质纸印刷并统一覆以红皮封面以示区别,这种小说被叫作"赤本小说"。昭和战败时期,一批不入流的小出版社为了赚快钱,模仿赤本小说的方式,以粗糙的纸张大量印制漫画书籍,封面也一律覆以俗艳夺目的大面积红色,这类漫画被统称为"赤本漫画"。

教育者与父母们的认同。某些家长打着"父母都是为你好"的旗号,不时群聚一堂,做出一些令人心惊肉跳的强制行动。比如,他们会时不时请一些专家学者来举办讲座,假装自己通晓事理。每一百五十次可能会有一次叫漫画家来演讲,但找漫画家来和找其他专家来的原因可不一样,是为了围攻漫画家,满足"教育妈妈们"的施压欲。

"你们这些漫画家呀,真的用心为孩子们画画了吗?"

"厚厚地涂一层红色,有什么意义?"

"这纸张质量也太差了吧?容易破损不说,小孩读了还伤眼……"

"能不能别再做什么增刊了?粗制滥造的,把孩子对书籍的好印象都给破坏了。"

后面两个问题根本是与漫画家无关的问题。有些读者似乎会把漫画家与出版社混为一谈。像这样,越轨的问题一个接一个,宛如批斗大会。所以即便可以拿到百万日元的酬金,那些年轻的新进漫画家也不会去参加母亲们的座谈会。有那个时间,喝喝老酒不是更好吗?

我十年前参加过一次类似的座谈会,听众中有人一副想写爆料书的样子,抛来许多不怀好意的问题,似逼着我犯错。我脑子一热,就说:"漫画家经过几年的积累,或许也可以创作出儿童文学那样的作品。"这句话很快就被原封不动地转载到了一本不知是什么的小册子上,然后又被儿童文学杂志引用。有人质疑说:"就算再过几十年,漫画又怎么可能取代儿童文学?"当然,漫画不可能取代文学,但像这样说什么都会被直接公之于众正是参加座谈的麻烦之处。总之,近来我尽量待在说话的安全区内,毕竟"祸从口出"。

我到底想说什么呢?我想说的是过去对儿童漫画先入为主的概念——一直以来,画漫画都有局限,尤其是构图。很早以前,我就希望改进构图,这样不但能加强故事性,也能更好地表现人物情绪。

以往的漫画,不论是《野狗小黑》还是其他漫画,大多采用平面图式视角,是舞台剧式的描绘——就是观众在观众席往前看,演员从左右两侧登台的那种构图。我认为这样的构图没有感染力,也难以描绘心理活动,因此决定采用电影式构图法。我参考学生时代看过的德国、法国电影,不只在特写和广角上下功夫,更区别于以往动作镜头、高潮部分只用一格表现的做法,用好几格、好几页一丝不苟地描绘人物的动作和面部表情。就这样,我呼呼地画出了五六百页甚至超过一千页的大长篇。战争时期我能画出堆积如山的作品正因为此。另外,我认为漫画的看点不光是插科打诨、把人逗乐,所以我创作的作品不一定是大团圆结局,主题更是包罗悲愁怒憎。在某部作品的序言里,我甚至补写了一句:"这不是漫画,也不是小说。"反正这些作品也出不了,让朋友看看我的画稿我就满足了。但《新宝岛》是画给几万名大众读者看的漫画,本该画一出"空前绝后、波澜万丈、惊天动地、捧腹绝倒、荒唐无稽"的大戏，但是为了迎合教育好孩子的目的，满腔热情难以充分发挥，最后只好敷衍地画成了冒险漫画。

昭和二十二年（1947年）一月，《新宝岛》发售，随即以令人目瞪口呆的速度销售一空。出版商一再重印，最后印了三四十万册，笑得合不拢嘴。作为一名新人，我的稿费是二百页三千日元，没有其他报酬，后面赚的没我的份。但我仍因畅销的消息而欢欣雀跃，每天都去百货商场的图书卖场看"我的书"。

以此为契机，赤本漫画的热潮瞬间横扫关西地区。东京也随之呼应，如雨后春笋般成立了许多泡沫出版社，一时间遍地都是赤本漫画家。我呢，突然就忙起来了，每个月必须在兼顾学业的同时画一到两本漫画。如此一来，战时积攒下来的作品就派上用场了。《遗失的世界》《大都会》《奇迹森林物语》都是战时作品的改编。

然而，和我合作搭档过的酒井七马在《新宝岛》之后只画了几本作画精细的图画书，没能搭上热潮而逐渐隐退了。问他原因，说是因为过于讲究

《奇迹森林物语》

画面，没能乘势量产，最终被新人超越。

我搬去东京后和他断了音讯，过了近二十年，在昭和四十三年（1968年）的春天，我们久违地碰面了。他和原来一样衣着潇洒、派头十足，一副前辈模样，大方地谈天说地，当时我想："哎呀，他真是老当益壮啊。"结果不到一年，就接到了他患肺结核病逝的消息。他出不起住院费，没钱看病，在家徒四壁的破屋子中孤独度日。他卧病在床，只喝可乐，靠台灯的温度取暖，被人发现时已为时过晚。虽然生活如此困窘，但与朋友见面的时候，他一定会穿好西装、胸前塞好手帕才出席约会。就是因为他有这样的自尊心，所以谁都没有发现他已被病魔侵蚀到如此地步。这就是背负着孤独宿命的漫画家生命的最后时刻。

医生与漫画家

我在大阪大学学医时完全不顾学业，一心只画漫画。阶梯教室最上一层阶梯位置离教授最远，我就坐那排将笔记本和肯特纸[①]并排摊开，在记笔记的间隙里往肯特纸上画一两笔。教授们大概也知道我有副业，但不知是不是放弃我了，全都假装看不见。也可能是因为各研究室常有人找我帮忙画人体组织图

---

① 纯白细密的高级纸张，用于绘画、制图。因最初在英国肯特都制造而得名。

和模型图，偶尔还会让我画教授的漫画像，所以教授们才对我睁一只眼闭一只眼。

终于开始临床实习，让我们负责预诊。病人一坐在我面前，我就有种冲动，忍不住想画他们的漫画肖像。看诊时忽然来了灵感，想出了妙点子，我就会止不住窃笑，拿起病历或其他手边的纸猛记点子。病人或许会觉得我更像精神病人吧。

放学后，我会先去中之岛桥下，打开书包，不慌不忙地开始变装——把学生帽、学生服塞进包里，换上夹克衫和贝雷帽。就这样，医界的未来之星摇身一变成了新手漫画家，跟"怪盗鲁邦"①似的蹑手蹑脚地朝出版社走去。

当时地方报纸稿费一张约三百日元，因为我画得多，所以获得的稿酬颇丰，因而能买得起高额的医学书籍，但是很快就不能两头兼顾，必须二者择一了。像《化身博士》里的杰基尔医生与海德那样在完全不同的世界里分饰两角，对我来说已经无法忍受了，再加上画稿的工作越来越忙，在学校几乎拿不到学分。

教授喊我过去说话："手冢呀，你就是真当了医生也不会是个好医生，说不定还会医死五六个病人。为了世人的安全着想，你也别当医生了，去当漫画家吧！这是对你的忠告。"

---

① 指亚森·罗宾（Arsène Lupin），法国作家莫里斯·勒布朗（Maurice Leblanc）笔下的侠盗。法语 Lupin 发音为鲁邦。他被称为 gentleman cambrioleur（侠盗、绅士怪盗）。

3　再生纸文化

我不知如何是好，就去与母亲商量。"走你想走的路吧！"母亲说。

恰巧在那个时候，德岛某医院有空缺，有人邀请我过去当医生。仔细一问才知道医院在深山里，要坐巴士颠簸几个小时才能到。但也因为如此，那里的校长和医生地位崇高，大概仅次于天皇陛下。推荐人极力怂恿："很威风哦，比画赤本漫画有前途多了！"遗憾的是，我是远离人烟就浑身不自在的体质。

"从那边去有霓虹灯的街上玩方便吗？"

"你傻啊，问的什么蠢问题。还霓虹灯呢，那边最近才通上电灯。"

我听了这句话就决定不过去了。我下定决心要当漫画家。但就这样决定不当医生，又显得我之前的决心宛如儿戏。于是我奋发图强完成了实习，通过了国家考试，拿到了开业许可，总之是有了医生的头衔。所以呢，其实我现在在本职还是医生，画漫画只是副业，但是大家听了这些总莫名惊诧，不敢相信这一事实。

松屋町——

读作 Macchamachi，是大阪的玩具点心批发街，类似于东京的浅草藏前、阿美横丁。

画片、武士风筝、纸面具、玩具球、玩具刀、假花、烟火、摔炮、马口铁玩具枪、泡泡糖、什锦年糕、乌贼干、咸海带、螺纹糖、蛋糕仔以及赤本漫画……

这里的杂货食品五花八门，中国地方①、四国地区等偏僻边区来的采购商为了给乡下杂货店供货，背着背包、提着提兜，在门口挤作一团，泉州②话、京都腔、冈山话、广岛音、高知调……真是南腔北调、此起彼伏。他们也不管拿到的是书还是仙贝，全捆作一团，一股脑塞进背包里带回去。

在这一片，有十四五家小出版社在出版赤本漫画。他们多为批发商出身，与出版无甚渊源，只是瞄准了漫画热潮想来捞一票而转的行。其中有一家小出版社F书房，出版了我早期的大多数作品。社长是个身量不高、八面玲珑的生意人，滴酒不沾，却贪爱美食，尤其嗜甜。我陆续画出了《地底国怪人》《火星博士》《魔法之家》《太空魔王》《月世界绅士》《浮士德》《遗失的世界》《未来世界》等作品，并顺利交稿。但那位社长突然决定不做漫画了，也不联系我，就擅自把我至此为止的所有稿子都直接转卖给了东京的出版社T书房。真是多亏了T书房"费心"，把封面上的出版社名一换就拿去再版，印得更加粗糙劣质，让我的书以非常不堪的面貌在市场上超低价售卖。当时我火冒三丈，甚至想到这两家出版社门前的墙上写大字报骂他们。新人漫画家难啊，常会遇到这种事。

---

① 指日本的一个区域，位于本州西部，相对偏远。由冈山、广岛、山口、岛根、鸟取五个县组成。
② 指大阪西南地区。旧时和泉国的别称。

3　再生纸文化

《月世界绅士》是以辉夜姬传说为原型创作的科幻漫画，故事的情节设定是：月的背面有月人的都市，那里还存在着大气。地球人发明了一种逆光波望远镜——这是我瞎扯出来的、可以看到弯曲光线的光学装置。以前地球人看不到月球的背面，月人认为月之都可保万世太平。可逆光波望远镜的发明使月之都无所遁形，月人开始担心地球人入侵。于是，月人派出女间谍前往地球破坏新发明的仪器。

因为上述原因，市场上卖的《月世界绅士》也都是"劣质版"，就这么流通了十几年。

在苏联公布了月球背面的照片之后，有一位最近才买这本书的学生拿着这本书找我当面抗议来了："手冢先生，你竟然是这样的人……我一直以为手冢先生是位冷静的科学从业者……

《地底国的怪人》

《火星博士》

可你说月球背面有人居住,这算什么事?苏联的火箭都拍了照片证明不可能了,你难道不知道?还是说你选择无视科学,硬要说月球背面确实有都城?"

我无话可说。这部《月世界绅士》已经是十八年前的作品了,我都懒得跟他辩解画的时候苏联卫星还没发射上天呢。

《遗失的世界》之前已提到过几次,是我在战时创作的作品。这是一部有胡子老爹和健一出场的宇宙话题作品。"蓝普"这一角色在这部作品中首次登场。在我的明星人物中,蓝普比较独特,他始终作为反派出场。他的后脑勺凹进去一块,有什么情况的时候那里会立起一根点亮的蜡烛(蓝普为音译,这个词在日语里还有煤油灯的意思)。蓝普有原型,就是我小学时

《魔法之家》

《太空魔王》

《月世界绅士》　　　《遗失的世界》宇宙篇

的朋友木下，他的后脑勺也是凹进去的，当然没有蓝普那么夸张。那时有个怪谈一般的谣言：小学的后山上有一座祠堂，祠堂口有排长长的石灯笼，一到晚上就会有人点亮石灯笼。大家都传点灯的人就是木下，说木下的后脑勺会冒出蜡烛，他会用蜡烛点亮石灯笼。对于木下本人来说这当然是很讨厌的传言，但我因此有了灵感，创作了蓝普这一人物。多亏蓝普大显身手，《遗失的世界》成了一部很有趣的作品。当时《朝日周刊》上登过一篇报道，写到"学生漫画家手冢"云云，还特意提及《遗失的世界》，可见这部有多畅销。

我这个人比较死脑筋，不够稳重，被人一表扬立马就找不到北，甚至以为自己已成为赤本漫画之王了。某次我结识了漫画集团的横井福次郎，他给了我当头一棒："手冢，你可别再帮

《浮士德》

着画什么'画片'了,画这些是进入不了漫画家行列的。"我大受打击,深陷两难之境。

看到我这样,F书房的社长常常约我出去吃饭,不过他也认为我大概已到极限了,所以开始盘算发掘新人漫画家。某天,他突然跑来对我说:"手冢老师,我在京都发现了一位不得了的天才!"

这位不得了的天才是京都报纸上大篇幅报道过,笔名"森实"的京都大学的学生。我很期待他能画出怎样不得了的漫画。遗憾的是,森实只在F书房的新刊广告上出现过名字,随后就跟写乐[①]一样销声匿迹了。之后过了十多年,他突然出现在科幻小说迷的面前,以科幻作家"小松左京"之名……

独立漫画派的诞生

手冢治虫在大阪一个劲地画赤本,马场登作为代理教员

---

① 东洲斋写乐,江户时代中期的浮世绘画家,擅绘人物肖像。他于1794年骤然现身画坛,在十个月内连续发表了一百四十多幅作品,之后销声匿迹。没人知道他的真正身份,被认为是谜一般的人物。

对付一帮熊孩子，福井英一在动画公司做科长拿着微薄的薪水……与此同时，在东京浅草的花川户，小岛功集结了几个小伙伴成立了一个新的小团体——独立漫画派。

这个名字是关根义人提的，他也加入了这个团体。前面提到过大坂时夫编的杂志《漫画人》，关根义人和小岛功都给《漫画人》投过稿，因此结识。再加上一同投稿《新晚报》的伙伴中岛弘二和马场辰夫，与漫画集团对抗、作为纯粹研究团体的独立漫画派就此启航。独立漫画派主张区别于现有漫画家的风格，创作独一无二的作品。这样当然找不到什么像样的工作。大部分可以发表漫画的报纸杂志都被漫画集团垄断了，独立漫画派过的是吃了上顿没下顿的日子。

好在关根的叔叔在银座二丁目有一家店，他们就把那儿当成根据地。大家都是二十二三岁的小年轻，有的是精力，找不到集会场所，在日比谷公园的长椅上也能晃一整天，随地烧个落叶再被管理员大声呵斥也是常事。

松下井知夫创办了一本小漫画杂志《漫画PRESS》，独立漫画派的成员经常给杂志供稿。一页稿子稿费一百日元，小岛和关根每拿到一页稿费，各买一杯五十日元的咖啡就把钱用光了，日子过得十分窘迫。

终于，神田区的桃园书房出了一本幽默杂志《新漫画》，承诺给独立漫画派留足够的空间登他们的画。大家都很受鼓舞，想要大干一场，甚至根据地都从银座改成了神田站前的咖啡店——那里哪怕只花三十日元买杯苏打水坐一天，店主都不赶人。要是能出得起钱，他们自然也会点别的，但是管钱的会计总会扯一些理由把好不容易收齐的会费拿来喝酒，这时候补足会费的总是小岛。

说到喝酒，长新太是个酒豪。他给《东京日日新闻》（即后来的《每日新闻》）供稿，画插画。加入"独漫"后，他更是常鲸吞豪饮，最终喝太多把身体都给喝坏了，只得住院。"独漫"的伙伴们聚在一起时尤其闹腾，闹起来可就不管是在根据地还是在出租屋了，一定会闹到周围的人撑不住为止。大家又特别爱往小岛的出租屋跑，弄得他生活纷纷扰扰，不断搬家，从大崎搬到新小岩，再到本乡的真砂町，最后他和真砂町当地的女孩结了婚，才总算安定下来。

但是在那之前他也常去鸠之街①。吉行淳之介当《摩登日本》主编的时候，吉行、小岛还有关根等人没事就去那边晃悠。大家都没什么现钱，就与店家交涉先赊账。他们去得早，一晚上能花一千日元，甚至两千日元以上。于是吉行就把《摩登日本》的漫画版面分给他们画，之后再把漫画稿费如数交给店家。

早上回家时，关根等人身后常跟着讨账的店员。这时，他们就到咖啡店二楼的"独漫"事务所，早上管理人阿姨会来打

---

① 战后著名红灯区，1958年才被废止，吉行淳之介的《原色的街》写的就是这条街上发生的故事。

扫，他们就向阿姨借来一千日元交给讨账的店员了事。

小岛可谓漫画界的领航人，大家都期望他能扛起漫画界新浪潮的大旗。漫画集团也承认他有实力，多次想拉他入伙，但他抵挡住了诱惑，坚守"独漫"精神。

废墟与漫画家们

通货膨胀越来越严重；黑市商人花钱摆阔、挥金如土；餐饮会所表面歇业背地里偷偷营业；虽然已出台了《儿童福祉法》，流浪儿童的数量却没有减少。

流浪儿——对他们悲惨身世的怜悯之情早已不在，现在他们看起来更像是怪诞诡异的小妖怪。战争结束两年后，他们也渐渐有了自己的生活，锻炼出了毫无廉耻生活的能力。在车站前的餐铺吃东西的话，一大半食物都会被流浪儿抢走。他们会堵在正吃饭的客人的面前，极耐心地等待着，没有一点不好意思。他们等着也不像是因为眼馋，反像是在责怪我们这些没遭到战争迫害、厚颜吃饱肚子的人。在上野的地下通道中，流浪儿集结成群，清洁人员几乎每天都会皱着眉头巡逻，对着他们喷洒DDT（杀虫剂）。

儿童漫画家们很羞愧。说得好听，为了孩子画漫画，但给流浪儿看漫画他们就会高兴吗？最终漫画家还不是袖手旁观、无能为力？

广播剧《鸣钟之丘》以儿童节目的形式讲述了这些不幸的孩子如何勇敢地生存下去的故事。这部剧在战争刚结束时热播,连主题曲都风行一时:

咚咚咚呀么钟声响,
咩咩咩呀么小羊哭……

NHK 的儿童节目时段趁热播出了《樱桃大将》《叮叮当物语》等经典连续剧。此外还陆续推出了猜谜节目《二十道门》《话之泉》,大众娱乐节目《周日娱乐版》《日本好声音》《左邻右舍》等流行节目,少女歌手美空云雀就是模仿唱《东京布基伍基》的笠置静子出道的。

不管是布基伍基[①],还是《话之泉》,都是照搬美国的节目,这点毋庸置疑。美国的占领政策非常巧妙地渗透了日本全国,让日本人在不知不觉间美国化。

《鸣钟之丘》的作者菊田一夫这样说道:"NHK 的节目已由不得日本人做主。在 GHQ 的命令下被迫持续。没有爱的作者写下的《鸣钟之丘》最终只能成为随大溜的娱乐节目。"

说到美式潮流,在这个时期同时出现了两部大受欢迎的"泰山"漫画。一个是以日本化了的少年泰山为主角的历险故

---

① 布鲁斯舞曲派生的一种爵士乐曲,多用钢琴演奏,节奏快而强,20 世纪 20 年代后半期在美国黑人中流行。

事《少年王者》；另一个就直接多了，叫《冒险泰山》。

《少年王者》是山川惣治于昭和二十三年（1948年）开始创作的系列长篇力作，由集英社出版。该作讲述了幼时被大猩猩捡走养大的日本少年牧村真吾平定非洲丛林的故事，极受读者追捧，成了集英社新出少年杂志《有趣BOOK》的顶梁柱，一直刊载到昭和三十一年（1956年）。

另一部《冒险泰山》则是光文社出版的、纯粹的泰山故事，作者是横井福次郎。虽然战争刚结束，市场需求大，但也没人像横井福次郎这样玩命地创作。据说他一个月最多可以画三十五六篇漫画。因为妻子是高知人，横井每个月都不知疲倦似的在高知与东京之间往返。为了买房买地，他不顾一切地画画。虽然他画给大人看的漫画也很有趣，但真正使他成名的还是儿童漫画。比起前述的《冒险泰山》，横井更优秀的作品是刊登在《少年俱乐部》上的漫画《普恰梦游奇境》。这是一部纯粹的科幻漫画——满是少年机器人、宇宙旅行、地底人、停止光线笔、X铝……我受这部作品启发，画出了科幻漫画《大都会》。

横井最喜欢孩子，一直坚持用作品和孩子们对话、启蒙孩子。

这样的横井却意外猝然辞世。他死于过劳，讽刺的是，当时他正连载《猝死男》这部漫画，简直像是应验了书名一般。同样还在连载的《普恰》则由小川哲男接手续画。

虽说漫画家运气都很背，但很少有病死的，大多都很长寿，多的是过了七十岁还孜孜不倦继续创作的老前辈。不知是因为乐观，还是为了要让他人开心自己也不能太丧，总之，漫画家的死因往往不是病死，大多是事故死或猝死。比如，新漫画派集团的黑泽初因酒醉从日本剧场的工地坠楼身亡；刚出道不久的新人长崎启二则是因失恋从练马区的储气罐上跳下摔死；矢崎茂四、小山内龙、中村笃九这些漫画家在战后相继去世，死因是饮酒过量。

昭和二十二年（1947年）的夏天，我第一次看到了战后东京的街市。触目所及全是断壁残垣，神田站就伫立在这废墟中。更让人唏嘘不已的是御茶水站。当时狮子文六的报纸连载小说《自由学校》颇受好评，此时我亲眼得见，正如书中所言，御茶水河渠边上有成排的棚户区，里面住着的都是流浪汉。御茶水给我留下了很深刻的印象，所以后来我给《铁臂阿童木》里出现的学者起名叫"茶水博士"。

我走了相当长一段路，本打算从九段坂坡道远望音羽山，所以我从神田站步行到讲谈社，到了那里又问路走到赤羽町，

《大都会》

再从赤羽町走到上野樱木町。如果你看一下地图,可能会大吃一惊,但我真的就走了这么远。去讲谈社当然是为了毛遂自荐自己的稿子。当时我想必是太慌了,竟还误闯进讲谈社隔壁的警察局。

我当时已经出版了几本单行本,其中《新宝岛》在东京卖得很好,于是我昂首挺胸走进了讲谈社的大门。结果,我终究还是不知天高地厚的井底之蛙。

"请再提高一下画技吧。"我被这样婉拒了。

我不服气,又去拜访住练马区的岛田启三,给他看我的《新宝岛》。

"画这种漫画真是歪门邪道了,要是这种漫画流行起来可就糟了。虽然怎么画是你的自由,但希望其他人不要跟你学。"他这样评价道。

于是我又去拜访住上野的新关健之助,请他也过目一下。

他也是看了看就下了定论:"这也太粗糙了吧。看一眼就知道你没打底稿。"

新关健之助画过《小虎崽》《河马大王》等一系列优秀的动物漫画，是我很尊崇的一位前辈，正因为这样，被他指出素描功底不行之后，我深受打击。

从那以后这句话一直铭刻我心，我这才明白，从医生这个行业转行到八竿子也挨不着的漫画行业，到底有多大的鸿沟。我虽深爱漫画，但还有很远的路要走。

新关老师原本身体就弱，但性格又一丝不苟，患了肺病后只能卧床，可就算躺着他还在努力画稿。这里说的躺当然不是俯卧，而是平躺。助手替他举着原稿纸，他就那样躺着作画。我曾试过用这样的姿势画，手完全使不上力，根本画不出像样的东西。新关先生说想到孩子们都在期盼着，他还是细致地画好底稿，再让助手完稿，最后交给编辑。据说新关去世的时候，手腕细瘦得像鬼一般。

4

漫画少年的胸怀

国产动画的黎明

我在京王电车站的电线杆上不经意看到一张广告,上面写着"招募动画制作者"(那时候还没人用"动画师""动画片制作人"这样的词语)。我脑中立刻浮现出一门心思创作《桃太郎:海之神兵》那样鸿篇巨制时的自己,几乎是一时冲动,我冲进了那家动画制作公司。

"请让我在这里工作吧!"

所长看过我画的《新宝岛》和两三本赤本后拒绝道:"不行,你不适合做电影。"

我大失所望,追问道:"是我没有实力吗?"

"现在做出版薪酬待遇都好,你出过书,在这种没有前途的动画电影行业肯定干不了多久,死了这条心吧。"

我灰心丧气,决定从此不再涉足动画电影界。

当时许多小动画公司弄到胶卷等其他耗材还不容易,同时,国产的彩色胶卷正在不断研发中。日本动画公司正尝试将政冈宪三在战时创作的短篇漫画《蜘蛛和郁金香》的部分重制为彩色动画。

新日本动画社（也就是后来的日本漫画电影有限公司）是一家聚集了战后四散各地的动画专业人士创设的公司。一水儿都是政冈宪三、村田安司、山本早苗这种级别的大佬，他们麾下群聚了近百位动画制作人。"群聚"这个词用在这个场合可以说非常贴切了，即单靠一个人的力量无法为生，大家聚在一起方可成事。而且做动画电影需要一人专制的制度，如果每个员工全凭自己的心意任意冒险，那就跟吃黑暗料理一样了，天知道会吃到什么菜，所以统帅必须独裁。从这里可以看出做动画的宿命。你是要一个人吭哧吭哧地单干，还是去一言堂的企业里工作？

从来都是在各自山头为王的创作者们只是因为靠一个人的资金做不了电影才聚在了一起，不过是一群乌合之众，自然难以顺利开展工作。很快，公司内部分裂，政冈宪三和山本早苗单飞，成立了日本动画电影有限公司。留下来的村田安司重整公司，并把公司改名为日本漫画电影有限公司。另外一位战前的大腕大藤信郎没有掺和这些分分合合，自己一个人勤勤恳恳地做着皮影戏动画。但是这个人好像是局外人，动画界的人都没把他当回事。有趣的是，这位大藤先生很快就甩开了那些还优哉游哉的同侪，凭借玻璃纸电影《鲸鱼》独闯戛纳电影节，令包括毕加索在内的评委都大为惊艳，由此一跃成为日本动画的代表人物。

当时日本有三大电影公司——东宝、松竹、大映。昭和二十二年（1947年），东宝劳资纠纷不断，随后"新东宝"成立，成了第四大公司。包括当兵复员的导演在内，资深导演的名作相继上映，电影一下成为和平产业中的大热产业。木下惠介的《大曾根家的早晨》《破太鼓》、黑泽明的《青春无悔》《美妙的周日》《野良犬》《泥醉天使》、今井正的《民众之敌》《绿色山脉》《重逢以前》、吉村公三郎的《安城家的舞会》、小津安二郎的《长屋绅士录》、沟口健二的《夜间女人》、伊藤大辅的《王将》、谷口千吉的《银岭之巅》、稻垣浩的《孩子手拉手》……这些电影对当时没有其他娱乐方式的年轻人来说，就像是久久不会消逝的心灵故乡一样。而且这些电影的可贵，还在于它们对战争的反思和对战后殖民地体制的抵制。有意思的是，本世纪的艺术作品（包括电影在内）多诞生于对压制与迫害的反抗中。毕加索的《格尔尼卡》就是其中一例。电影中也有雷内·克莱芒（René Clément）的《铁路战斗队》（*La Bataille du Rail*）、马塞尔·卡尔内（Marcel Carné）的《天堂的孩子》（*Les Enfants du Paradis*）、吉洛·彭泰科沃（Gillo Pontecorvo）的《阿尔及尔之战》（*La Battaglia di Algeri*）等例子。一旦迎来和平，这些创作者的作品立即变得空洞乏味，毫无性格，你看现在克莱芒和卡尔内的作品多无趣！我认为黑泽明的作品从

《七武士》到《生之欲》《活人的记录》都堪称珠玉之作，之后的作品却内容无聊、毫无新意，虽然票房大卖，但完全比不上他之前的作品。费里尼和若松孝二的作品还可以勉强说是想表达对颓废的讽刺，可戈达尔的作品我是理解不了。[①]说是对传统电影的对抗，但是如果仅此而已，估计只有电影评论家和脑残粉会追随他了。

1960年安保斗争正如火如荼之际，白土三平携《忍者武艺帐》横空出世，这部作品一下受到学生们的热烈追捧。白土本人却苦笑着说："我创作的时候实在没想那么多。"白土的创作意图原本十分朴素，被安保一系列激烈运动影响方才画出了《忍者武艺帐》。如果是在如今，在日本经济高度增长、奢侈安逸的昭和元禄年间创作的话，白土一定也会陷入困境吧。

书归正传，昭和二十五年（1950年）有一部国产动画的力作上映，是日本漫画电影公司的《大王的尾巴》。这是《桃太郎：海之神兵》的导演濑尾光世离开松竹电影，进入日本漫画电影公司创作的动画电影，是战后创作的第一部长篇动画。然而这部动画就跟那些传说中的名画一样，亲眼看过的人很少。

---

① 费德里科·费里尼（Federico Fellini），意大利电影导演，被誉为"影像魔术师"，用华丽的影像描绘意大利经济复兴带来的精神颓废。若松孝二，日本黑白实验电影大师，多拍政治与情色题材混合的电影，影像风格华丽颓废。让-吕克·戈达尔（Jean-Luc Godard），法国新浪潮派电影导演，以蔑视传统电影技法闻名的"破坏美学"的代表人物，他的电影通常区别于好莱坞电影故事为王的手法，多用影像表达理论和观念。

花费了大量时间和金钱，甚至一度中止制作的大制作，却成了好作品砸手里的活例子……

《大王的尾巴》讲的是狐狸国诞生了一位没有尾巴的国王，全国的狐狸不得不藏起自己的尾巴度日的故事。大纲虽改编自《皇帝的新衣》，但作为正统童话来看也很适合。尤其是最后一个镜头，雪花悠悠飘落，还做了立体效果，实在令人难忘。这样的大作都没办法大规模上映，由此可知日本动画电影曾经的大环境并不好。

福井英一和马场登

作为《大王的尾巴》的制片人，福井英一和古泽日出夫光靠本业无法维持生计，一直靠给各种少年杂志画插图糊口。

一天，两人溜达进一家书店翻看少年杂志。福井有了个大发现："嘿，你看，还有这么特别的书呢。"

"唔，《漫画少年》……没听过呢。"

"这里面竟全是漫画，这样的书能卖得动吗？"

"反正看上去像我们可以投稿的杂志。试试看吧？"

《漫画少年》的主编加藤谦一正深陷窘境。《漫画少年》最受欢迎的作品是井上一雄的《球棒君》，如今因为作者突然去世无法继续连载。那时巨人队的川上哲治和青田升两位选手分别用红色球棒和蓝色球棒叱咤球场，棒球在青少年球迷中风头正盛。井上一雄率先画出了棒球漫画,获得一片叫好。这样的作品中断连载,不仅杂志销量会受到冲击,恐怕还会收到读者的投诉,加藤为此头痛不已。

万般无奈之下,加藤在杂志上发布了这样一条公告:"现向广大读者征稿,用你们的投稿延续《球棒君》的故事!"

福井英一注意到了这条消息,一鼓作气画好稿子,果断将其投了出去,一下就被杂志社采用了。

加藤把福井英一喊来,问他:"动画那边情况怎么样了?"

"呃,很惨。"

"干脆改行做漫画家吧?"

"可我还有工作……"

"那你就先暂且帮我们画每个月的《球棒君》如何?把读者的投稿誊画成正式的原稿……另外还想请你帮忙画些小格插画……"

于是,福井英一就这样放弃了日本动画社的工作,摇身一变成了漫画家。这对他来说既是幸运,也是悲剧。人的命运,真是说不清道不明啊。

哐当哐当、哐当哐当,从青森到东京的夜班火车中坐着两位乘客,正是胸怀青云之志要前往东京的青年马场登和同行的作家白木茂。在昭和二十四年、二十五年的时候(1949—1950年),去东京还是一场了不得的远途旅程,人们会洒泪挥别、发誓再会。呜——当汽笛长鸣,火车离开站台,这时任谁都会伤怀不已:"唉,我终于也要远行,要多少年后才能重归故土呢?追逐野兔的那座山哟,垂钓小鱼的那条河哟,再见了,再见了。"[①]

天性洒脱的马场登却只是读着他喜欢的儿童文学作家新美南吉的书,悠然享受着火车旅行。突然,他霍地站了起来,嚷道:"我的车票不见了!"

"那可麻烦了。大概落哪儿了吧,你有线索吗?"

"我在厕所脱过衣服。"

"那就是落厕所了,快去找找看吧。"

马场在厕所找了好一段时间,又回来说:"没找到,唉!"

"不然就算了吧。"

"不,我再去看一遍。"

他去厕所前后找了三次,第三次终于找到了被水浸透的车票。

"呜哇,找到啦!万岁!"

马场在厕所里喊了三次"万岁",车长都被惊动跑了过来。

到东京之后,马场有时住亲戚家,有时去白木家借宿。在这期间,他经人引荐去了小学馆工作。马场在小学馆画过四格漫画,并获得了认可。没过多久,当时还是小学馆子公司的集英社打算出版儿童杂志,就有人来问马场是否愿意在新杂志上

---

① "追逐野兔""垂钓小鱼"两句为日本民谣代表作《故乡》的歌词。

画连载。

"杂志名叫《有趣BOOK》。"

"有那么有趣吗?"

"有趣得不得了!首先,卷首刊登的是山川惣治老师的《少年王者》,光这一部作品就值一本书的钱了!"

"哦哦!"

"还有盐田英二郎老师的四色长篇漫画《狐狗狸》,这部作品也值一本书的钱。"

"……"

"另外还有以《地球SOS》成名的小松崎茂老师的作品《大平原儿》。这部也是……"

"值一本书的钱是吧?"

"是啊,另外……"

"这本《有趣BOOK》到底值多少本书的钱啊?"

"总之,其他杂志和它不是一个量级的。"

"那么,我画的漫画也是值一本书的……"

"不,你的只值三张纸。"

之后,马场登在昭和二十五年(1950年)发表了他的首部连载漫画《邮筒君》。连载第一回就因为过于轻浮拖沓、没有品位,被勒令重画。但马场并没有因此气馁。

《邮筒君》是继井上一雄的《球棒君》之后第一部画出孩子周遭日常生活的漫画。马场终于有了自己的粉丝。辣韭君、尖头君、小汤、黑面包党等一众幽默人物中，最受欢迎的是粗野的淘气鬼蟾蜍老大。鼻涕总粘在脸颊两侧，爱拿竹枪乱舞乱窜，嫉妒心强、贪得无厌、胆小又冒失的蟾蜍老大却成了孩子们的偶像。很多读者寄来了蟾蜍老大的同人画像。能画出这么受孩子欢迎的人物，肯定有马场在学校做代理教员的时候和孩子亲密接触，带着爱观察孩子的功劳。不管怎么说，那部作品中的温暖情怀是对孩子不关心、仅仅以作家意识来画儿童漫画的人模仿不来的。

后来马场成为一流的作者，听说他过去教过的学生来东京修学旅行时还特地和马场见了面。没什么不好见的，马场一定十分坦荡，如果他画了什么"没法见人"的东西的话，他就没脸与孩子们见面了……不是瞎说，真的有不少漫画家画出的漫画作品可不想让自己的孩子看到。

《邮筒君》一直连载到昭和二十九年（1954年），成了搞笑幽默漫画的标杆作品，出现了大批跟风作。

此后，马场开始蓄须。

《少年俱乐部》《少年》《冒险王》《冒险武斗文库》《谭海》《冒险少年》《东光少年》《太阳少年》《棒球少年》《漫画和读物》《少女罗曼史》《少女之友》……这些都是那个年代如雨后春笋般冒出来的儿童商业杂志，其中有些出了一年就停刊了。虽然连载作家和画家大多是兼职，但这些杂志沿着战前的《少年俱乐部》与小学馆学习杂志闯出来的路，主打热血小说、幽默小说、冒险奇幻小说,办得有声有色。其中,《冒险武斗文库》上连载的小松崎茂的《地球SOS》,《少年》上连载的山川惣治的《幽灵牧场》,《冒险王》上连载的福岛铁次的《沙漠魔王》是这些杂志的招牌作品,极受读者欢迎。

另一方面,战后初期发展起来的儿童文学杂志却一直处于这些商业杂志的阴影之下,相继停刊。《红蜻蜓》《儿童广场》《银河》《少年少女》等杂志悄然消失,儿童文学家被大众娱乐杂志连载的漫画与连环画包围,只能于夹缝中求生存,艰难地发表作品。

他们常用"格雷欣法则"(劣币驱逐良币)来解释这一现象,但我觉得这些都是借口,是创作者不够贴近孩子们。贴近不意味着妥协,儿童文化抓不住孩子的心就会失败。用高高在上的态度强迫孩子,说着"这是好作品哦,快看"这样的做法对聪明的孩子不起作用,他们不会靠过来。说起来怪不好意思,但是我们虫制作出品的电视动画就是很好的正向例子。我们绝不该轻蔑无视孩子们的评价,甚至必须欢迎、反复品味这些评价才行。

电影和漫画的奇妙关系

很多人问我这样的问题:"手冢呀,你是怎么把握孩子们的心理的?漫画家可是孩子们的偶像啊,得了解孩子才好创作嘛。"

谈及现代的孩子，大家似乎已经词穷……的确，对我们来说，孩子们就像是看不清真面目的怪物，想想我们的父母看我们可能也像一群怪物吧。因此，与其冒失地混迹于与我们年龄相差三十岁的孩子中间不知所措，不如研究一下已经成年，但和孩子年龄最接近的新手漫画家的作品。至少与我们相比，他们可以抓取到更贴近现代孩子心理的一些要素。

"新人的漫画总有点怪怪的……"

对于那些认为新人漫画家不足挂齿的人，我的建议是：不要小瞧新人，要好好看看他们的作品。看了你就会发现他们的作品意外地好懂，并感慨："哦哦，原来现在的孩子还有这样的一面啊！"

的确，新人漫画家的画比较粗糙，表达可能也很生硬，唯有感受和直觉是他们的强力武器。一些刚出道的新人靠着这个武器赢得了孩子们的喜爱，但如果他们认为受欢迎全因为自己有实力的话，他们的感受和直觉就会逐渐退化直至没落。儿童漫画家的更新换代尤其迅猛也是因为这个原因。

我的读者群逐渐固定下来，为了这些读者，我想在每部作品中多画一些福利镜头，而且这种需求愈加迫切。因为读者贪婪地给我提出了各种要求，他们给我写信："多画一些冒险情节！""用更多新颖的表现手法！"他们可不许我停滞不前。

我打算将古典世界名著画成漫画，物色了许多作品，恰逢歌德两百年诞辰，我趁机画了《浮士德》的漫画。我读了十多遍原著的第一部和第二部，将其改编成适合孩子阅读的漫画。毕竟是大阪廉价的赤本漫画，本以为一定会引来骂声，但其实没受什么阻碍就出版了。在这之后涌现了一大批世界名著改编的漫画，《浮士德》也算是开了先河。

因为销量还不错，所以之后的几年我又试着改编了陀思妥耶夫斯基的《罪与罚》、斯特林堡的《死魂舞》、歌德的《威廉·麦斯特》。但只有《罪与罚》出版了，《死魂舞》没有出版社接手，《威廉·麦斯特》只在少女杂志上刊登过一小部分。

涩谷道玄坂的歌德纪念馆里陈列着许多与歌德相关的出版物。有趣的是，我的赤本漫画《浮士德》也混在其中，不知道歌德知道了会是什么样的表情。

我是那种很容易受到电影影响的人。我从电影《太虚道人》[1]中得到灵感，画了漫画

《罪与罚》

---

[1] 《太虚道人》(*Here Comes Mr Jordon*)是一部美国爱情奇幻电影，讲述拳击运动员乔遇到空难，命数未尽而灵魂误被带走，还阳时发现自己的身体被损坏，于是四处附身的故事。

《不可思议之旅》，讲述一位少年死后附身到各种东西上周游世界的故事。电影中主角死后灵魂附身在人身上，而在我的漫画中，灵魂可以附身到猪、狐狸，甚至埃及的木乃伊身上。

玛格丽特·奥布赖恩主演的电影《大盗平番》也给了我灵感，我因此画出了西部漫画《手枪天使》。[1]在这部漫画中，我大胆地画了一场吻戏，结果某自称家长教师联合会代表的人来信斥责我："画出这种毫无廉耻黄色漫画的手冢是孩子们的敌人！"此外，还有人威胁我："对这种被美国热冲昏了头的卖国奴，让我们替天行道！"看看如今的漫画都在画些什么，这些往事简直有如天方夜谭。

这部《手枪天使》的结局原本非常悲惨，但因为大家都说主角实在太惨了，所以到了出版前夕，我补画了张图，画成了一百八十度大转弯的大团圆结局。然而不知道出了什么差错，这张图被印在了版权页的反面。读者们都以为故事结束了，翻过版权页才看到了意外惊喜般的真结局，阴差阳错，反而取得了不错的效果。

我还有部科幻作品叫《吸血魔团》，讲述一位科学家服药缩成了尘埃大小，从结核患者的口中进入肺里与结核菌战斗的故事。最近上映的电影《联合缩小军》（*Fantastic Voyage*），和

---

[1] 玛格丽特·奥布赖恩（Margaret O'Brien），20世纪40年代好莱坞著名童星。《大盗平番》（*Bad Bascomb*）讲述了老恶棍巴斯科姆遇到九岁的小女孩艾美后良心发现的喜剧故事。

《不可思议之旅》　　　　《手枪天使》

《吸血魔团》不但主题相似,连故事内容都大同小异。之前看过这本书的读者觉得奇怪,都过来问我。即使是偶然,相似程度也太高了。

其实是这么回事——

我前面写过,我把《铁臂阿童木》拍成动画后,以"Astro Boy"之名在美国电视上播放过。这期间,《铁臂阿童木》原作的内容拍完了,我就授权了其他一些作品给虫制作的员工改编使用,这些作品里就有《吸血魔团》。这部作品改名为《细菌部队》后在电视上播出了。当然,在美国也播出了。除了有阿童木出场以外,其他内容都与《吸血魔团》无异。

后来二十世纪福克斯电影公司的制片人顾问 E. 威尔纳给 NBC 写了一封信,说福克斯现在策划的科幻电影想用《阿童

《吸血魔团》

木》中的一个桥段，不知版权等问题如何洽谈。NBC的杜德先生通知我说，他们按NBC的章程将剧本传给了对方的剧本团队，并告诉了对方我的地址，之后对方肯定会跟我联系。

于是我一直等着有人联系我，E.威尔纳那边却没人来信。若干年后，二十世纪福克斯公司上映了《联合缩小军》这部电影，我才惊觉被摆了一道。

这部电影从系列构成、身体内的美术设计到心脏跳动的声音，都与《细菌部队》如出一辙。科学家的身体在患者体内变大这一惊险情节更是完全照抄。

虽然我也很生气，但想到一直说日本照搬美国，现在日本的作品被美国照抄，这也算礼尚往来吧。

我的明星系统

打造漫画明星系统是我为读者提供的特别福利。

拍戏有明星中心制，即用明星来吸引观众。而曾沉迷于戏剧的我把自己作品中出场的人物都当成剧团演员，让他们

胡子老爹　　　哈姆·艾格　　　蓝普

在众多作品中出场，扮演不同的角色，从而创造了自己的明星体系。

我的明星会有不同的扮相，时而扮演好人，时而扮演反派，我甚至还会设计他们的一些常用小动作。以往的漫画，角色就是他自己，像野狗小黑就一直是野狗小黑，虽然也曾以剧中剧的形式扮演过赤穗义士（在田河水泡的漫画作品《野狗小黑》中，猛犬连队在正月演艺会上演出赤穗义士，其中小黑扮演义士之一的大高源吾），但顶多是扮着好玩，而我的明星则让读者感到亲切，取得了高于预期的效果。

在我的明星当中，"胡子老爹"就像是我的亲人一般。他是东京神田人，少白头，年纪轻轻就秃了，常以老练的私家侦探形象登场。胡子老爹是我所有角色中资历最深的一位。但是其实他出生于大阪伊丹，而且他的形象不是我原创的。

我初中时有个叫今中的朋友，他是鹤屋八幡点心店店主的

洛克·福尔摩　　　补丁葫芦　　　我来也（斯派达）

儿子。他涂鸦出的自己爷爷的漫画头像成了胡子老爹的原型。所以我初中画的胡子老爹的漫画中，胡子老爹说一口正宗的关西方言。

还有个明星叫哈姆·艾格。他总是露齿而笑，专演狡猾奸诈的伪君子。他与黑帮恶汉专业户蓝普正好凑作一对，狼狈为奸。我是从初中时读过的米特·格罗斯的漫画《他完成了她的错误》的角色中得到灵感创作出的哈姆。[1]但后来有好些人冲我发火，问我是不是拿他们作参考创作了这个角色？这件事情让我明白，世界上混出头的小人还真不少。

看不出是哪国人的少年洛克·福尔摩初登场时是一位侦探，

---

[1] 米特·格罗斯（Milt Gross），漫画家，被称为图像小说的先驱。《他完成了她的错误》（*He Done Her Wrong*）是米特的经典作品，全书无一字，号称20世纪第一部图像小说。

连名字都套用了夏洛克·福尔摩斯，虽然我让他在很多作品中登场，但始终没给读者留下什么印象，是一个吃力不讨好的角色。不过最近我给他戴上了墨镜，让他在《狼人传说》中扮演一个冷酷无情的反派，他立即就火了。尤其是年轻姑娘们的粉丝来信简直堆积如山，说洛克像帅哥阿兰·德龙，真让我惶恐。好在终于让他找到合适的角色类型了。

还有一个奇怪的明星叫补丁葫芦，这个名字可能不太好记，读者们总会随意给它起名，但这个角色似乎令人印象颇深。总有人问我它究竟是什么东西，其实说实话我也不大清楚。总之，就是一个常出现在与主剧情毫无关联的地方，又突然消失的角色。

这个角色是三十年前我妹妹在自己的笔记本上涂鸦出来的。据当时还是小学生的妹妹的说法，补丁葫芦是一种菇，会喷出臭气，从头部可以生出小菇，可放入汤中煮食，是冬季的珍馐。我妹和我弟以前也经常会画些小漫画，那时我们仨常聚在一起画画。

还有两个和补丁葫芦差不多类型的角色：补丁猎犬和口头禅是"我来也"的斯派达。这几个人物都是在无关剧情的地方登场，增添趣味的角色。

不管怎么说，小孩子的画总是天真烂漫的。漫画起源于随笔涂鸦，而现在，像涂鸦一般有趣的儿童漫画变得很少。我画着严肃深沉的故事，有时候自己都觉得不好意思时，就会想要回归童心让补丁葫芦出场。

最近写信说"这种角色很妨碍阅读，请停止画这种东西"的孩子日益增多，真让我心生落寞。

《未来世界》与《森林大帝》

昭和二十五年（1950年），朝鲜战争突然爆发。

不要再有战争了！到头来受重创的是所有人类啊！在这种心境下，我创作了《大都会》与《未来世界》。

《未来世界》的故事得从星星合众国和铀联邦的"冷战"说起。掌管铀联邦的是酷似斯大林的维斯基长官。在铀联邦边境的冻原下面藏着巨大的秘密工厂，胡子老爹和星星合众国的谍报员洛克在此地接受劳改，反抗者会被投入"鸟笼"接受刑罚，甚至被洗脑成为废人。而星星合众国那边，勒索了一笔钱成了新兴暴发户的无赖蓝普得知地球即将毁灭，于是购买国内先进技术造火箭，打算只带家人逃离地球。

可以说我带着相当虚无的情绪创作了这部作品，准备安排悲剧性的结局。不过隔年朝鲜战争就结束了，我就给《未来世界》也写了个团圆结局，还在结尾矫揉造作地加了个大意为"如果人类再重复犯同样的错误，危机仍会降临"的预警。就这样矫情的结尾倒挺受学生们欢迎的。那时候也不止孩子看我的漫画，学生、上班族都会看。

《森林大帝》的原稿近千页，我本打算画成篇幅更长的故事，为了配合出版，不得不缩减至不到三百页。那时我偶然想起了几年前白狮子的点子，准备以非洲为舞台，画一部动物故事。比起长篇漫画，其实构想更接近大河剧（长篇历史电视连续剧，多以家族的历史为中心描述时事与世态，考据较严密），还没有人用漫画创作过大河剧呢。虽然不知道会画几千页，但是我下定决心要把它画出来。整整一年，我往返于家和图书馆之间，看遍所有非洲的资料。

当时非洲还被人叫作神秘大陆，只有埃及、埃塞俄比

《未来世界 上》

《森林大帝》

亚几国是独立的国家，大众对非洲的印象也仅来自《泰山》电影。相关资料也不多，史丹利和利文斯敦的游记已经太古早了。①

故事计划围绕三代狮王与人类的纠葛展开，我认为仅这样还不够吸引人，又在里面加入了大陆漂移学说。

大陆漂移学说认为地球的地基由玄武岩层与花岗岩层构成，两者皆为岩石质地，但花岗岩层比玄武岩层硬一点，像冰浮于水面那样，花岗岩层浮在玄武岩层上。六块大陆的地基都由花岗岩层组成，在漫长的岁月中，大陆会缓慢漂移。虽然这学说听上去难以置信，但有一些有意思的佐证。比如，非洲西海岸与南美东海岸，它们的板块形状凹凸处恰好相反，看起来像是可以镶嵌在一起。事实上，这两块大陆的确拥有共通的动植物及地质层，怎么看也不像是隔着大西洋的两块无关的大陆，过去两者曾为一体的说法更自然。比较北美与欧洲北部、印度半岛与非洲、东南亚与澳大利亚的生物种类会发现同样的现象。太古时期，这些大陆与半岛实为一体，因地壳变化而分裂移动，从而形成了现在的板块地形。这就是大陆漂移说的假设。

---

① 指亨利·莫顿·史丹利爵士（Sir Henry Morton Stanley）和戴维·利文斯敦（David Livingstone），皆为非洲探险的代表人物。

这个由魏格纳[①]提出的假说一度被认为有严重问题而被学界遗弃。但最近"地幔对流说"兴起，确认了"大陆漂移"为事实，大陆漂移学说再次受到瞩目。

根据这门学说，日本列岛远海地带的马里亚纳海沟就是地幔对流后形成的洼地。

于是我想，如果我们把日本乃至全世界的垃圾都扔进海沟里，它们就会流入地壳深处，说不定这是个既方便又安全的垃圾处理方法？

我很喜欢这样荒唐无稽的空想，读初中时甚至提出过分割本州的看法，从而被老师盯上。

上地理课时，我冷不防站起来，对老师提问："琵琶湖那里是本州最狭窄的区域吧？"

地理老师外号"木屐"，是个很现实的人，听后两眼瞪得老大："是这样的，那又怎样呢？"

"如果以琵琶湖为中心，往日本海方向挖通运河，同时再拓宽淀川河面，让大型船只能够通过，这样一来，日本会被一分为二，日本海与太平洋的海水就可以相通！"我像是有了大发现一般说道。

"木屐"问道："那又如何？"

---

① 阿尔弗雷德·魏格纳（Alfred Wegener），德国气象学家、地球物理学家。1930年11月在格陵兰考察冰原时遇难，被称为"大陆漂移学说之父"。

"现在要去神户或者横滨,中国与朝鲜的船只必须绕行日本一周,既费时又浪费能源。如果把本州一分为二,交通与通商会变得更轻松。"我这样回答道。

木屐带着极轻蔑的表情斥道:"这种蠢话留着课下再说!"

从那之后,我常莫名其妙地被盯梢,甚至被扇嘴巴。

由此,我再不轻易跟别人讲我的幻想,至多也就是把这些想法画入漫画中了。

回到之前的话题,我在狮子的故事里加入了大陆漂移学说。此外,我又胡编了月球诞生的故事,这在当时算是划时代的。

构思完成后,我给这部作品起名叫《森林大帝》。我只是觉得叫《森林大王》比较无趣,"大帝"这个称呼与帝国主义并无关系。然而这部作品刊行后,还是受到了那些爱咬文嚼字的评论家和左翼人士的口诛笔伐。

与《漫画少年》的相遇

起先我打算出《森林大帝》的单行本,于是积攒了四五十页原稿去了趟东京。随后在一次意外的机缘下,我邂逅了《漫画少年》。

其实在此之前我没看过《漫画少年》。对于被成堆的大阪赤本包围住的我来说,东京的漫画杂志简直是另一个世界的出版物。

而我之所以会去出版《漫画少年》的学童社，也仅仅是因为受大阪一家杂志社的委托要去拜访漫画家石田英助老师，去社里问他的地址而已。那是一个很黑的夜，临近本乡的坡道上建着一栋摇摇欲坠的商店居住房，那里就是学童社。入口处堆满了书，右手边的楼梯已发黑泛黄，编辑部则由里面的客厅改造而成。

加藤谦一先生出现了，我当时甚至不知道面前这个人就是过去《少年俱乐部》的名主编。

"噢，你是手冢？我听过你的名字。大阪那边的读者来信中时不时会出现'手冢'这个名字，我打听过是谁，听说是大阪的一名学生。因为不知道住处，事情就搁置了……原来就是你啊，你能过来真是太好了。"

"其实我是来问石田英助老师的住址的……"

"是要去访问他吗？现在不行啦，那位老师明天要办婚礼。"

"咦？"

"办完婚礼就出去旅游了，没人在家。算了，你也别过去了。不如我们来聊聊工作的事情吧。"

这可真是走运。如果知道住址，可能就会直接去拜访，早早结束采访后就回大阪了。

我把带来的《森林大帝》的原稿拿了出来。加藤以鹰般锐利的目光看过一遍后说："这部作品可以在我们的杂志上连载吗?"

"可这是一部长篇作品……"

"不是挺好的吗？我们也不能只登载短篇幽默漫画啊，也需要一些有性格的新人。如果有必要的话，也会给你们这些新人腾出版面的，你就做好长期连载的准备吧。"

我立即答应了。其实在这之前，我也在东京的杂志上发表过一两部连载，但这次是个可以大显身手的好机会。当时，《漫画少年》对志在成为漫画家的人来说就是里程碑一样的存在，在这本杂志上登载自己的作品就好似歌手登上红白歌会的舞台镀一层金一样。于是，我一回到大阪就立即着手开始画《森林大帝》的第一回。

但当我画完最初的四页寄送过去之后，马上就深受打击。一目了然，我的画风和在《漫画少年》上连载的其他作者的画风大相径庭，宛如油跟水一般天差地别。我的漫画里有很多特写、俯瞰、长条分镜、对话气泡框、涂黑，和其他作者洗练的画面相比，显得十分琐碎，相形见绌。

第二回长达十页，还加了扉页。那个时候，十页绝对是大长篇了，更不要说加扉页了，简直是破格操作。

第二回中有狮子雷欧与母亲分别，跳入惊涛骇浪的大海中的镜头。

加藤先生写来长信大大夸奖了我一番。加藤先生的信总是用卷纸写成，字迹漂亮、用语礼貌、内容恳切。对我来说，这甚至超越了至亲给我的鼓励。

从那以后直到学童社关门,我每次去东京都把学童社当作自己的老巢一般,拎着办公用波士顿包由东京站直接去社里,如果在那里见不到加藤先生心里就不安稳。我视加藤先生宛如亲人,因此常常恣意妄为。尤其好几次我赶不上截稿日,而距发售日又仅剩一周,我只得低头道歉,在学童社的书桌前青着脸匆忙赶稿,最终还是导致发售延期。《森林大帝》在连载过程中还出了两本单行本,也都是由学童社出版发行的,甚至当时还为这部漫画在电车吊环上做过广告。能够受到如此破格的待遇,现在想来仍是感恩。

新人漫画家崭露头角

在这前后,有好多位漫画界的明日之星到我老家宝冢找我。当我去东京不在家的那段时间里,一位姓斋藤的少年穿着学生制服来家里,和我母亲站在门口说了两三句话就回去了。此后他把他的画拿给出版社看,却被出版社嫌弃线条粗糙生硬。

少年的斋藤无论如何画不出来流行的圆润线条,他为此烦恼良久,最后决定用硬直的线条开创自己的风格。他画了长篇赤本漫画,送进了大阪的一家出版社。同一时期,我在报社打过照面的漫画狂少年辰巳也把自己的作品送进了东京的几家出版社，他画出的线条同样硬直粗犷。也是在那时候，他俩在大阪一家叫日之丸文库的出版社里碰了面。

这位斋藤隆夫，再加上辰巳嘉裕，这两位的身边聚集起松本正彦、久吕田正美、高桥真琴、佐藤雅旦、山森进这些年轻的伙伴，一点点地将硬直线条的画风发扬光大，成为之后发展成"剧画"[①]这种新的艺术形式的一股原动力。

昭和二十二年（1947年）前后，一位名叫安孙子的少年离开学童疏散[②]时发配去的一家深山寺庙，坐地方线摇摇晃晃回到了自己的故乡高冈市。

在高冈，他的好友藤本正在等他。两人从小学起就是同学，虽然性格和兴趣迥异，但是性情相投胜于双胞兄弟。不知何时起，他们二人开始了类似漫画的创作，而且两人共用一个笔名作画。起初他们的笔名还叫"足冢不二雄"，两人来到关西，千辛万苦找来我家。

那天我们仨一直聊到半夜，我看了他俩正在画的长篇漫画《宾虚》，大为惊讶。当然这是那部有名的电影拍出来之前

[①] 剧画是20世纪50—70年代日本的一个漫画门类，多为严肃写实的青年漫画。剧画和以手冢治虫为代表的漫画是相互竞争的两个阵营。剧画故事更大胆，漫画技巧深受电影影响，采用写实的画风毫不留情地揭露社会的阴暗面，对血腥和暴力的描写十分直接。

[②] 日本在太平洋战争后期把大城市的小学生集体转移到近郊农村或其他地方城市以躲避战祸的政策。

的事。

他们会成为侵犯我的领域的大人物的。我内心感到了恐惧，但同时又很期待。

这两人去东京后，改用"藤子不二雄"作为笔名。昭和三十年（1955年）后，他们创作出了《小鬼Q太郎》。

出版了我大半单行本的T书房的社长带了一位利落的关西青年来见我。据说这位青年出生于淡路岛，在神户的一家银行工作。社长问我说："我想让他在我们出版社出道，你看如何？"他画的时代剧漫画《魔剑烈剑》是一部高质量的作品，于是我回答道："有大卖的潜质。"后来果真如我所料。

这位青年当了我一段时间的代笔，到昭和三十年间终于抓住了机会，在物色新人的光文社杂志《少女》上开始了连载，如同彗星一般，几乎转瞬间就大红大紫。就这样，这位横山光辉陆续创作了《铁人28号》《假小子天使》《伊贺影丸》，已然是一位大家了。横山总是千方百计地创作让读者读得更愉快的作品，这一点从他出道时就没变过。

我在《漫画少年》的投稿漫画里看到了小野寺章太郎这位天才少年的画。当时我还以为他是初中生呢。他投稿的动物漫画底稿画得极为精美，成为编辑部热议的话题。陆续寄来的四格漫画完成度也很高，画的都是动物题材。

"这到底是个怎样的人画的呢?"

"谁知道呢?"

编辑部最后决定让他执笔连载,于是他寄来了自己的处女作《二级天使》。一看到他的原稿,我就意识到:啊,原来他也深受迪士尼影响。但是他生活在宫城县下面一个叫石森町的小地方,迪士尼电影会在那样的乡下放映吗?

每次看他的连载都更为他的笔力咋舌,于是我打定主意请他来当我的助手,给他打了电报。他就这样出现在了我的面前。"简直是个土豆!"这是我的第一感受。据说他的外号真叫"土豆"。

我拜托他帮我画一部分《铁臂阿童木》的背景,他回到老家后把稿子画完寄了过来,画得极细致,连人物都画上了。那么精细的草图插到我信笔涂鸦一般的原稿中,真是相当醒目,让我十分头疼。他在昭和三十年(1955年)从老家移居到东京,用故乡的名字取笔名为"石森章太郎"。

《漫画少年》的投稿漫画中,有位粉丝一直寄送以马为主角的西部剧作品。看名字是位女士,但因为笔法相当阳刚,所以我认为这准是位男性投稿者,故弄玄虚用了女性名字。由往来的书信来看,却真像是一位女士。不久她告诉我会和哥哥一起来东京,想来拜访我。好像比我更兴奋雀跃的是少女杂志S的编辑B君:"看她的画就知道她肯定是个美人,年龄大概二十四五岁,走运动时髦风,如果是我的菜就好了!"

他一脸认真,甚至说到了要和她结婚之类的话。

我在有乐町的咖啡店里和她以及她哥哥见了面,听说她在下关一家公司工作,不久会再次来东京,得知了这些之后,我就回去了。

"怎么样?什么印象?"

"嗯,印象挺好的,但是你就别想了。"

"为什么?"

他气呼呼地发问。

"毕竟她才十六岁啊。"

这位水野英子小姐昭和三十三年(1958年)来到东京,很快用迷人的画作崭露头角,缔造了少女漫画的一大高峰。

《铁臂阿童木》的诞生

关于《铁臂阿童木》,我已经写过十多篇内容大同小异的文章了。一般大家都把这部作品视为我的代表作,所以不断有人拜托我写《阿童木》,不拘内容。每次我都从他的诞生写起,写他的原型是谁啦,创作他有多么煞费苦心啦,现在又要我再谈《阿童木》简直让我厌烦得想要打嗝。没办法,该写的还是要写,希望这次写完后不用再写《阿童木》的杂文了。话虽这么说,这就跟聊自己的孩子一样,如果别人让我聊我儿子,我大概也会咧嘴笑着把说过的话再重讲一遍吧。

阿童木诞生于昭和二十六年（1951年）四月，到昭和五十四年（1979年），已满二十八岁。听说《野狗小黑》连载了十一年，倒是《阿童木》连载时间更长，但是这期间也换过登载的杂志，所以难说有无成全我最初的想法。昭和二十五年（1950年）的夏天，当时知名的新兴出版社光文社旗下的月刊《少年》的主编来问我："想不想画单篇完结的漫画？"于是我就画了个讲述日本神话《天之岩户》其实是在描述日食现象的超短篇漫画寄了过去。结果对方说不要这么有个性的作品，让我画些"认真"的故事，还提出希望我第二年的四月就开始连载。这大概是他们看过《漫画少年》上连载的《森林大帝》后做的决定吧。

我绞尽脑汁，冥思苦想，最后想起了圣诞岛最近的氢弹试爆。我想，哎呀，要是这样的科技可以用于和平事业就好了，于是决定画一个将核能用在和平用途的架空国家的故事。故事名字就叫《阿童木大陆》，这里的阿童木（atom）其实是"原子"的意思。

结果编辑部又说"大陆"这个主题太大，还是将主题聚焦在个人身上比较好。当时截稿日已迫在眉睫了，我无法可想，干脆自暴自弃改名为《阿童木大使》报给《少年》交差。说实话，除此以外我没有任何想法和构思，只是脑海里浮现出这样的名字，就含含糊糊地决定了。名字确定之后就更苦恼了。

当然，这个阶段还没有阿童木这个角色。可以让外星人大规模移民来地球，随后外星人和地球人发生冲突，这时候让阿童木这样的人物出来调停——当我好不容易想到这样的方案时，已经接近第一次交稿的截止日了。

因此一开始阿童木只是个配角，反倒是健一、多摩男、茶水博士和胡子老爹他们出镜率更高，直到第四回阿童木本人才出场。而且，阿童木是机器人这个设定也是到最后关头才决定的。《阿童木大使》的故事很复杂，人物也过多，没有如我预期那般受到很多人欢迎，但我还是见证了《少年》这种发行量很大的娱乐杂志的威力。有一次我的住址偶然登上了杂志，于是我收到了大堆"漫迷来信"，最多一天能收到一百来封。原来我有这么多读者啊，我再一次目瞪口呆。其中也有读者在来信中愤怒地写道："手冢治虫也终于开始给商业杂志画烂大街的东西了，我决不会再读手冢画的漫画了！"

在《阿童木大使》完结前，主编建议我说："下次要不要以阿童木为主角画个新连载呢？毕竟他是最受欢迎的角色。"

"可以呀，但他可是个机器人啊。"

《阿童木大使》

"是啊。虽然他是机器人，但是希望阿童木跟有血有肉的人类一样有人性。这样一来，读者就会觉得他是同类而产生亲近感。不是头会动、手会摆的机器人，而是要把他创作成会哭会笑、为了正义会发怒的机器人。"

"原来如此……"

听说横山隆一的《小阿福》的主角曾经也不过是《江户儿小健》里的配角，但是他成了主角后很快就吸引住了读者。我决定效仿这个先例。

昭和二十七年（1952年）四月开始，阿童木以《铁臂阿童木》之名复活了。最初预告上写的还是《铁人阿童木》，但是听起来感觉有点沉闷，就改成了"铁臂"。在第一回中提到了阿童木的父母，虽然父母比孩子晚出现有些奇怪，但是读者们接受了。

连载到《阿童木火星队长之卷》的时候，少年杂志都改为B5的尺寸了。于是阿童木的体形也随着版面扩大到B5大小。

《铁臂阿童木》的故事背景设定为21世纪初，因为对当时来说还是很遥远的未来，会让人感到疏离，所以虽然知道可能会被指责时代不符，但我还

《铁臂阿童木》

是插入了许多现代的事物，比如学生制服、挎包、木屐、嗒嗒作响的汽车、长屋之类。这些元素奇妙地遮掩住了作品本身的冰冷底色。也有人会说些闲言碎语："阿童木的时代应该已经没有靠左通行这样的规则了吧，画成这样真是不走心啊。"但我觉得听到那样的批评也不错。

常常有读者问我：阿童木头上那两个尖尖的东西到底是耳朵还是角？其实那既不是耳朵也不是角，而是竖起来的头发。我呢，头发比较硬，洗完澡出来不一会儿，耳后的头发就会倒竖起来，由此获得的灵感。大体说来，好多漫画家都会用自己的脸为原型创作主人公。毕竟从早到晚都会在镜子里看到自己的脸，所以自己当模特或许比较容易。《海螺小姐》和长谷川町子、《小阿福》和横山隆一、《褴褛人生》和加藤芳郎，总感觉这些漫画里的主角与其作者都有相似之处。

同样，也有说法说男漫画家画女性角色的时候会画得像自己的妻子。这就不能一概而论了。毕竟自己的脸自己大体还是满意的，但是妻子的脸和自己理想中女性的脸就不一定一样了。但是那些原本单身的漫画家一旦娶妻，他笔下的女性就会瞬间多了一些情色感，这倒是很有趣的现象。扯远了，这些与阿童木无关。

在《阿童木》连载期间发生过各种各样的事情。比如有段时间，它仿佛被当作荒唐无稽漫画的代表，成了评论家和家长教师联合会（**PTA**）的众矢之的，令人伤心。有小孩从二楼的屋顶跳下受了重伤，马上就会有人说他是在模仿阿童木，事故就成了攻击漫画的好素材。

《阿童木》前后改编成电视节目三次。第一次是TBS还叫"东京广播电视台"的时候拍的。在早年还很简陋破败的摄影棚里，把道具人物粘在木棒前端，移动木棒来表演，实际上就是简陋纸戏剧版的《阿童木》。第二次是让少年穿着人偶服扮演阿童木的电视电影，入江隆子等人参演，松崎制作出品。作为富士电视台开发的节目之一，差不多播了一年半。第三次就是由虫制作出品的电视动画了。在四年时间里持续播出了二百多集，关于这一次的播出后面还会详述。

《阿童木》最早的读者如今已长大成人，年长的都已经三十五岁了。有时候会遇到一表人才的绅士走过来对我说："啊，是手冢老师！我小时候可是阿童木的粉丝……"这种时候我就会觉得自己真的上年纪了，心情十分复杂。

编辑残酷物语

在我于四谷找到寄宿的地方住下来之前，我都是从这个旅馆搬去那个旅馆，日子过得相当辛苦。花钱也如流水一般，稿费基本上都拿去当住宿费了。当我搬到四谷后，也常往返于大阪的医院和东京的出版社之间，跟送快递的一个样。找不到我的编辑还急哭过。嗯，不是夸张，好像真有人哭了。真是万分抱歉。

追到大阪医院的编辑看到身穿白大褂、脖挂听诊器的我出来，都吓了一大跳。

编辑私底下都叫我"手冢慢虫"（交稿拖拉）、"手冢骗虫"（说好在截稿日前画完，却没遵守约定）。

有次我在本乡的旅馆闭门赶稿，其他出版社的编辑还假扮警察来找我。这位编辑在大门口看穿我假装不在，就对旅馆老板说："现在你们旅馆里住着一个这样长相的男性，他其实是个通缉犯，我要在这里暗中监视他。"说着还拿出疑似刑警用的黑皮手册给老板看，弄得旅馆鸡犬不宁，我还成了"通缉要犯"。

一天，某社的编辑突然闯入我常住的某旅馆，二话不说就一间间开客房门找人。其实那时候我真没住那里。之后我又去入住之时，前台怒火中烧，极其冷淡地将我拒之门外："手冢先生不能住在这里！你住在这里会给其他所有客人添麻烦！"

还有编辑追我追到了东京站，跟我一起跳上了开往大阪的列车，还一分钱没带，结果被列车长臭骂一顿。

在编辑群体中骂我的声音可不少，甚至有传言说当手冢的责编要和家里的老婆孩子诀别后才敢过来。我简直是恶名远扬了。

话虽如此，当过我的责任编辑再负责其他作者的话，就跟半夜开快车一般轻松。到后来甚至有出版社为了锻炼刚入社的新员工,把他们送来当我的责编呢。

曾有位编辑看着我慢腾腾地在原稿上涂黑,心急火燎,就对我说:"老师,我来涂吧。就是依样画葫芦,我可以的。"说着把笔夺了过去,开始帮我涂黑,还叫自己"涂黑侠"。干熟了涂黑后,又开始画墨线,又管自己叫"画线侠"。

那个时代儿童漫画家还没有助手,所以我真心需要"涂黑侠"和"画线侠"。他们能帮你顺利完成工作。事实上,有一些编辑就这样不断精进自己的技术,最后成了真正的漫画家。

二十年前的编辑大多是飘逸洒脱的文人雅士,而且个性强烈、反应敏捷。自从出版工会建立之后,出版社失去了特色,编辑也变得更像是上班族,还是做文化工作的,但感觉缺乏个性的人逐渐增多。作者依靠编辑才能成为琉璃美玉,所以强烈的个性冲突是必需的,这当然不是说我希望编辑在截稿日和我大吵一架……

5

儿漫长屋绅士录

儿童漫画家沙龙

朝鲜战争使日本的经济一度繁荣，当这一时期结束后，世间一如既往地混乱不堪。可以成为漫画家创作灵感的事件频繁发生，让人瞠目结舌的奇妙事件也很多。昭和二十五年（1950年），金阁寺被一名青年僧人一把火烧尽；《查泰莱夫人的情人》的译者因猥亵罪遭到起诉；公团①贪污事件中被逮捕的名叫早船的男人叫喊着"Oh, mistake！"②；日航客机"木星号"坠机；托尼谷③自创的"是酱紫呢"④成为流行语；良民也会玩的

---

① 为特定的公共目的，由国家或国家与地方公共团体出资设立的特殊法人。战后为排除私人垄断和有效地实行经济政策，作为代替战时经济统制机关设立。现有水资源开发、森林开发、石油、日本住宅、首都高速道路等十几个公团。
② 1950年日本曾发生一起知识分子夫妇抢劫事件，在被逮捕时两人大喊"Oh, mistake！"，成为当年的流行语。
③ 日本20世纪50年代的知名搞笑艺人，因用算盘伴奏且说话发音奇特而出名。
④ 原文为"さいざんす"，是托尼谷自创的词，为"左様でございます"（是这样的）的变形。

赌博机"柏青哥"问世，从内裤、手帕、香烟到晚饭的小菜都可以靠打柏青哥得奖品获得。

昭和二十六年（1951年），儿童宪章颁布。表面上看是认同了孩子们的人权，但如何保护那些残障儿童、饥饿儿童和违法儿童，如何教育他们，教育设施如此缺乏又要怎么办，这些切实的问题通通没有解决，反而大众传媒大兴娱乐业诱惑着万千少年儿童。职业摔跤兴起；美空云雀的大红大紫让孩子们憧憬着成为少女歌手离家出走；警视厅借着取缔黄色书刊的名义，准备开始审查儿童读物。

作为儿童文学根基的儿童文学杂志逐渐消失，好在还有《信子乘云去》（石井桃子）、《山神学校》（无着成恭）这些启蒙读物，而《缅甸的竖琴》（竹山道雄）则同时打动了孩子与大人的心。

> 呀啦哩，呀啦哩噢。
> 呀哩噢，呀啦哟噢。
> 是谁在吹响，那不可思议的笛子。

这首大受欢迎的《吹笛童子》是《新诸国物语》①的插曲。不论是《新诸国物语》，还是以"忘却就是把它忘掉，让它

---

① 1952年起NHK播放的给孩子看的时代电视剧，原作者是北村寿夫。

过去"这种说了等于没说的歌词开场的《请问卿名》①，都是NHK始创时期的电视剧。两者都是无功无过、表现平平的电视剧，但是加了很多女性和孩子会喜欢的情节，在这方面来说是成功的。

漫画集团有横山泰三、加藤芳郎、六浦光雄等超级新人加入，再加上境田昭造、改田政直、金亲坚太郎、中村伊助等畅销作者的加盟，集团渐渐发展成真正的精英团体。尤其集团每年都会在镰仓狂欢节、日本剧场、池袋人世坐电影院、每日新闻礼堂、读卖新闻礼堂等地举办漫画家聚会，再加上年底固定在箱根环翠楼举办的特色年会等活动，使得集团越来越出名。

特色年会始于战败那年，起初只是集团的伙伴们聚在大森的日本饭馆一起喝酒，第二次才改到箱根汤本的环翠楼举办。在大森他们就大吵了一架，没想到在环翠楼闹得更凶。隔年《儿童漫画报》在箱根汤本举办了两天一夜的招待会，第二天按例要举办年会。一行人浩浩荡荡、兴致高昂地到了环翠楼，却被老板恶声恶气地挡在门口："这里不欢迎你们！马上给我出去。"

"哎呀，去年的事实在抱歉。今年我们保证一定安安静静……再给我们一次机会吧。"

---

① 1952—1954年NHK播放的电视剧，剧本家菊田一夫的代表作，讲述真知子与春树的恋爱故事。

诸人一个劲地赔罪之后，老板终于让他们进了门。这次集团的信用得以挽回，之后他们每年都在这里举办年会，成为一大特色活动。因为会邀请出版社同人、艺伎和知名人士，所以这个聚会办得越来越讲究，内容也越来越夸张。

比如，某年意大利歌剧的话题很热，集团成员就演了很多歌剧节目助兴，从《蝴蝶夫人》《卡门》《茶花女》到《夕鹤》①……表演的漫画家全是糙汉子，演起来自然也是荒诞不经。一大票摄影师蜂拥而至，一直拍照，搞得剧也演不成，年会也办不下去了。后来就完全谢绝外来的摄影记者来取材了。

通货膨胀厉害的时候，对于成员婚嫁丧葬和探病的礼金，集团也制定了有趣的标准：发放等同于黑市一升米价格的等值现金。因为黑市价格常有大幅变动，所以探病的礼金也经常变。黑市一升米有时甚至高达一百至一百二十日元。后来通货膨胀缓和，黑市价格不复存在，黑价制度也随之消失。

集团还有两个特点就是团结性高、自尊心强。过去在昭和初期，有个叫"日本漫画会"的资深团体，其成员占据了《朝日新闻》《每日新闻》《读卖新闻》三家报纸以及其他代表性杂志的漫画版面。气势汹汹地表示要争夺发表漫画平台的年轻无名漫画家们团结在了一起，这就是漫画集团的前身。那些自以为已经夺取了天下而安心度日的老手在不经意间就被这些新人

---

① 木下顺二创作的日本歌剧《夕鹤》，改编自日本民间传说《仙鹤报恩》。

取代了。

　　直到现在，漫画集团仍是战后最受瞩目的漫画团体，基本上所有的一流杂志都由其成员独占。虽然不到"不是平家子，难为世间人"①的程度，但是可以进入漫画集团，就等于有了成为漫画家的敲门砖，既能提高收入，生活也有了保障。至少外部的人是这样看的。

　　相比广受大众支持、商业发展一帆风顺的漫画集团，以小岛功为首的独立漫画派则是求新求变、反体制的研究团体。当然，饭还是要吃的，所以他们也为大众娱乐杂志创作作品，但作品的本质还是小岛功所谓的"图像诗"。可不管在哪个时代，商业主义和艺术探求都是对立的。漫画集团内部也因界定集团是艺术团体还是商业团体的问题屡起纷争，陆续有人因此退出。独立漫画派日益壮大，也陷入了同样的两难中。

　　儿童漫画圈也不能幸免。

　　大约在昭和二十五年（1950年）时，马场登受同为小学馆供稿的花野原芳明之邀，前去参加漫画家帷子进举办的儿童漫画研究会。他们来到现场，发现来了些极有个性的新人漫画家，正聚在一起高谈阔论。其中带头的是一个叫太田次郎的白净美青年。

　　一个方下巴的矮胖男子对马场寒暄道："我是福井英一。"

---

① 《平家物语》第一卷中的名句。形容平安时代的贵族平氏家族权势极盛，非平家的人不配为人。

福井与马场就是在此相识的。

"我觉得儿童漫画界也到了该团结起来的时候了。"

"不如我们这些年轻人每月举办一次例会,请那些已成名的作者来当嘉宾讲经说法,你看如何?"

"我赞成。"

于是,他们在神田某集会所召开了第一次例会。当天邀请的嘉宾是《冒险丹吉》的作者岛田启三。当天,马场、福井、古泽日出夫、山根一二三、太田次郎、入江茂、根岸小路齐聚在二楼,地板发出咯吱咯吱的响声,岛田启三也火速赶到了。

听说漫画家们在神田集会,我也从旅馆赶往那里。我说"我是从大阪来的",大家都像看外国人一般,用稀罕的眼神看我。当时从大阪坐快车需要近十个小时才能抵达东京,大阪的漫画家居然愿意花一百块来这里,当真少见。而且我又是个医生,大家本能地对我敬而远之。好像世人多怕医生。有些人闻到消毒水的味道都过敏,还有些人认为医生必定会从口袋里掏出手术刀和注射器。静脉注射器的针头看着就很疼,实际被扎上一针的确也很疼。人们对医生真的是既敬又惧。

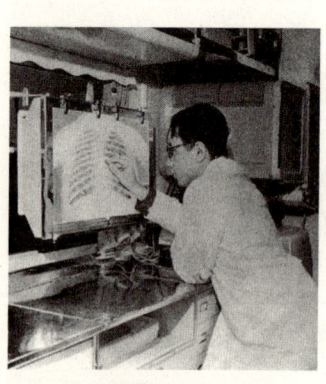

在大阪大学医学系学习的手冢
(摄于 1951 年)

为了获得患者的信任，医生会做许多暗示性动作。抽烟就是一种办法。为患者诊断后，在不很清楚病名的时候，说上一句"容我先点一根烟"，开始缓缓吞云吐雾。这样一来，少说也有两三分钟可以思考病名。

"医生，我得的是什么病？"

"嗯，没什么大碍（吐出一口烟）。"

"没事吗？"

"这个嘛（吐烟），还行吧（吐烟）。"

患者看到这么淡定抽烟的医生，会觉得他很可靠。其实医生此时内心正上演着大戏——完全不知道患者得的是什么病，这不是抽一根烟的时间就可以解决的问题吧……但好歹也争取到了时间。如果这医生不抽烟，在思考时看起来可就有点呆滞，简直不成体统了。

下面是我从我的老师那里听来的妇产科医生判断胎儿性别的办法。

"医生，我怀的是男孩还是女孩呀？"

做母亲的时常会问这个愚蠢的问题。这种时候，医生不慌不忙，慢慢地拿出笔记本说道："可能是个男孩。"在笔记本上却写下"女孩"。反正猜中的概率是一半，如果怀胎十月生了男孩那当然没有问题。如果生的是女孩，母亲肯定也免不了抱怨："医生，你没说对吧，是个女孩啊。"那么，就要给她看笔记本了："欸，我记得我说的是女孩啊……是不是您听错了？

您看,那时候我的确写的是'女孩'呢。"

因为上面确实写着"女孩",母亲就只好妥协:"是我搞错了,对不起。"医生又赢一局。

唉,又扯远了。在神田集会场,我也是第一次见到马场登和福井英一。三个年纪相同、职业相同,分别出生于东京、青森、大阪三地的人在此聚首。若没有命运的撮合,我会去四国某个没有医生的村里做医生吧,马场或许会成为青森某小学的副校长,福井可能还在做动画电影。

"儿童漫画家们要团结起来,争取好的工作!"

"说的是!我们成立东京儿童漫画会吧!"正当大家意气风发地鼓掌时——

东京儿童漫画会成立之时(前列中央:岛田启三。后列左起:福井英一、马场登。最后列右侧:手冢治虫。)

"这个名字太生硬了吧!"这时候,岛田启三说道,"叫长屋①吧,听起来可亲多了。取'儿童漫画'的简称,就叫'儿漫长屋'怎样?"

岛田启三是老东京人,落语迷。

"也就是说,大家都是阿熊和阿八,定好每个月谁来当班,我们就有组织了。"

"你以为要演落语《长屋赏花》呀。"

"那我就演胡同隐士吧。根岸小路,你是我们绿叶丛中唯一的一点红,你就当卖糨糊的老太吧。"②

"我才不当什么老太呢。"

这个名字古怪的作者沙龙就这样成立了。当然能成立沙龙还是不错的。

要是哪天突然团体要报税,跑去税务署被问:"你们到底是个什么团体?"

"我们是长屋,儿漫(自豪)长屋。"③

那可真是一点气势都没有……

---

① 日本的一种集合式住宅。两三户或多至五六户横着并排连接的长条形平房。虽各有出入口,但住户共有墙壁,共用水井、厕所等,关系比较亲近。
② 阿熊、阿八是落语《长屋赏花》中的角色,胡同隐士和卖糨糊的老太也是有名落语段子里的角色。
③ "儿漫"(jiman)与"自豪"(jiman)日语发音相同。

儿童漫画家的梦想与现实

不知从什么时候起，日本漫画界把漫画家细分为成人漫画家与儿童漫画家。成人漫画家虽然也画儿童漫画，但是总会给人"半瓶水"的感觉；而儿童漫画家若是逞能画成人漫画，总会显得幼稚而不犀利。这是因为创作这两种漫画的视角完全不一样。成人漫画客观地批判社会，既有讽刺又有哲思；儿童漫画则要壮大孩子们的梦想，两者在目的上就有着本质的差异。近来还出现了青年向的漫画，但成人看会觉得过于做作且天真，儿童看会觉得不够亲切。

青年漫画也不是突然出现的，战争结束后，读着儿童漫画成长起来的孩子们已超过十五岁，当然会想读复杂一点的漫画。漫画家也是站在同样的立场上去绘制作品的，因此我认为青年漫画本质上是对儿童漫画的延伸，但似乎总有一些漫画家认为儿童漫画低人一等。

我自认就是个儿童漫画家，我以此为荣，否则也不会一直画下去。

有些儿童漫画家最近想转型画青年漫画，表示要从漫画家名簿上把自己"儿童漫画家"的头衔去掉，听起来似乎为是儿童漫画家而感到自卑。听说儿童文学作者也有人常常会觉得自己比不上其他文学的作者，实在让人不解，为小孩工作就得自卑吗？至少我在儿漫长屋的伙伴身上看不到这种自卑，也许因为他们都是"老小孩"吧。

我们每年都会聚集很多孩子举办漫画狂欢节。第一次我们在丰岛园的野外剧场演了《西游记》的漫画剧，办了漫画教室，还有变装扮演漫画角色的大游行，甚至还有漫画痛车，在当时算是大场面了。

谁承想活动进行到一半开始供应酒水，这可就误了大事了。漫画家都是成人了，喝得烂醉也顶多引人发噱，但在孩子面前烂醉如泥那就丢人了。到后来，还有个酒品差的男人掉进了水池里。哟嘿，这可不妙，大伙手忙脚乱地拉起手，将爬上岸的男人围在了中间。那人在这个人肉环中脱光换下了湿衣。

因喝酒闹出的笑话多了去了。当时池袋西口那边一水儿的小酒馆，某次我们十几个人在其中的一个酒馆小聚时，有个醉酒的文人跑来纠缠朋友T君。T君本是某三流杂志的主编，不知道经历了什么心境变迁，开始画儿童漫画。他做主编时曾找不入流的写手写过黄文，来闹事的就是当时的一名写手。

"该死，你个叛徒。"

"说什么呢，你个写黄文的。"

他俩都喝了酒，在酒馆门口大打出手。来劝架的几人也动了脾气打了起来，其中还有池袋的小混混。最后我和马场也加入混战，足有二十多人扭打在一起，甚至惊动了巡警，带了两三个人去警局。不管怎么说，这是不能被孩子看到的场景。

某天晚上,我和福井英一又吵了起来。福井英一涨红了脸,揪住我的衣领说道:"喂,你这大阪佬别光想着赚钱啊。"

我一下火了:"赚钱有什么不好的?"

"只会赚钱算不得本事,你得好好为孩子们着想!"

"你是说看我的漫画对孩子们不好吗?"

"对!别狡辩了,大阪佬!你画漫画就是为了赚钱!"

我好一阵惊慌失措。事后我也一直在思索福井的话:"手冢是个唯利是图的人。为什么要赚那么多钱呢?"

虽然也听过有传言这么说我,但当面被说,心中还是格外失落。评论家大宅壮一叫我"阪侨",说我像东南亚华侨那般,在东京工作赚钱,又把钱都寄回大阪。但是我拼命攒钱是有原因的。我想制作动画电影,我想成立工作室。即使我说了这样的理由,也没人会懂我吧。

《毛栗君》大获成功

昭和二十七年(1952年),福井英一突然"蜕皮"了。

所谓"蜕皮",并不是指像蛇一般蜕去恶心干瘪外皮的"蜕皮",而是指宛如张开了宽大美丽的翅膀,在阳光中扑扇起飞一般破茧成蝶的"蜕变"。从代笔创作《球棒君》起,福井创作的一直都是正统的幽默漫画,现在忽然转向,开始创作"热血感动物语"。这就等于在以往的佐藤红绿基调上加了富田常雄味，开拓了前所未有的漫画类型。[①]这部作品叫《毛栗君》，于昭和二十七年（1952年）起在杂志《冒险王》上连载。

福井的脑海中闪现着《姿三四郎》的影子。以往少年杂志登载柔道、剑道、空手道运动的漫画格外谨慎小心，生怕被打成国粹主义，常常不能把故事讲透，引不起读者们的兴趣。福井则甩开了桎梏，画了一部彻底的武道漫画。在荒野上对决的跆拳道或空手道高手可能有些不合时宜，但那飒爽的英姿点燃了少年们心中本已熄灭的那簇火焰。而且福井似乎背地里研究过我的漫画表现手法，大大方方地在他的作品中也用起了电影手法。这的确奏效了，福井的人气扶摇直上，在第二次附赠附录别册的时候，《冒险王》的销量已远超其他月刊少年杂志。

"完蛋了，被他打败了！"

我瞠目结舌，计划着要用自己风格的作品展现故事漫画的真貌，再与《毛栗君》一决胜负，却无论如何也赶不上如日中天的《毛栗君》。最终，《毛栗君》被一家新成立的民营电视台拍成了连续剧，单行本也成为最佳畅销书，见此情形，我只能甘拜下风。

福井的内心想必得意至极。搬了新家，生了儿子，多了

[①] 佐藤红绿，人称"日本少年小说"第一人，以描写少男少女的青春小说赢得众多读者，著有《啊！玉杯中的花》。富田常雄，笔力慷慨豪放，代表作有柔道小说《姿三四郎》、英雄小说《弁庆》等。

《弁庆》

朋友,端的是春风得意马蹄疾。《毛栗君》爆红,其他杂志也想跟风,开始委托他画一些异曲同工的热血故事。

我的漫画只被他夸过一次。当时我抛开一切顾忌画了时代漫画《弁庆》,弁庆的原型套用的是歌舞伎名篇《劝进帐》里的幽默弁庆。福井目不转睛地看完了整本书后赞道:"画得好啊,真妙!"他性情执拗顽固,大抵能理解弁庆朴实木讷的忠诚吧。

从那时起,他每天都在闭门创作,形容日渐憔悴,像凡·高的肖像般消瘦。福井又熬夜又酗酒,工作量又一直增加。他的身体日渐衰弱,他的笔力却日益精进,所有人都认为他万事顺意。这时他已经画完了即将在《少年画报》上连载的、继《毛栗君》之后的自豪之作《赤胴铃之助》的第一话。

我到少年画报社开碰头会,福井气急败坏地跑来说:"好啊,手冢你来得正好。我对你有意见!"

"怎、怎么了?"

"你侮辱中伤我的作品!给我道歉!不然我跟你决斗!"

"你在说什么啊?我完全不明白。你先说清楚。"

"你少瞧不起人!"

编辑悄悄对我说:"老师,他很生气,你们还是去池袋那边谈开比较好。"

正巧马场登也晃来出版社。我就像是遇到了救兵一样,叫上马场,三个人一起去了池袋的小酒馆。那一天飘着鹅毛大雪。

福井边喝酒边说:"你现在在《漫画少年》上连载《漫画教室》,没错吧?那里面写到,某故事漫画家为了赚取页面费,用无聊的手法画了许多没有意义的画。那里你配的画很明显就是《毛栗君》的画。喂,我画的漫画哪里无聊了,哪里是为了赚取页面费了?你给我说清楚!"

"那不是你的画呀,我为了举例,虚构了一个漫画。"

"不,那就是《毛栗君》。别找借口了,道歉!你才是故事漫画的开创者啊,我几乎是参考着你的漫画创作的。身为先驱,为什么要否定自己创作出来的故事漫画?故事是需要表达情绪的。即使某个画格只画了一朵云,只要为故事情节服务,就不是没有意义的画。喂,难道不是这样吗?我还以为至少你能明白……"

"是啊,福井说得对啊。"

马场也表示赞成。

我心里拼命找借口。说实话,那时候的我是眼红福井的笔力的。这种眼红无意识中转化成了对《毛栗君》的中伤,渗透进了《漫画教室》。被他这么一说,我承认确实如此,实在没有辩解的余地。我陷入了无尽的自我厌恶中,低下头对他说了声"对不起"。

那一天,说来可怜,我一晚上没有睡着。

某伙伴曾语带嘲讽地说过:"手冢你不是福井英一的对手,我觉得你们俩就跟宫本武藏和佐佐木小次郎一样。"在被窝里我想起了这句话。

在下个月的《漫画教室》中,我画了福井和马场的轮廓剪影,作为主角的漫画老师被两人狠狠训了一顿,也算是我对福井的一个微小的回应吧。

福井英一之死

那之后大概过了一个月,一天凌晨,朋友突然打电话到我借宿的旅馆。

"福井死了。"

"什么?"

"就是今早刚发生的事,大家都不知道怎么办。请你快来他家。"

"怎么会死?"

"好像是他通宵在外工作,天见亮的时候又喝了酒。回到家就不行了。因为头疼,还喊了医生来。医生刚走就猝死了。"

"我马上过去。"

我央求跟着我的编辑放我出去，飞速跑出了旅馆。

福井居然死了……就在他最受欢迎的时候……真是物极则衰，痛失英才啊。但是，为他的死悲痛不已的心境渐渐染上了黑暗的色彩。

是的，我松了一口气。

太可悲了，我越发厌恶自己。但是说实话，那种把我逼到憔悴的竞争消失了，我真的觉得安心。对于像巨人一般压在心上的"人气竞争"，我已经精疲力竭。

我看了他的遗容，他的脸因极度的疲劳困惫浮肿得厉害。

"本来接下来该是他的时代了……"守灵夜，大家异口同声地慨叹，"但是在最受欢迎的时候去世，也算是幸运了。"

"唉，手冢呀……"山根一二三流着泪说道，"那家伙总跟我说'手冢是我对手'，直到最近他还问我：'我是不是已经超越手冢了？'你有没有注意到？他收集了你所有的作品摆在家里。"

福井英一通过《毛栗君》开辟了新天地，影响了棒球、柔道、摔跤漫画乃至校园漫画，催生了多种多样的变奏作品和创新作品。《疯马君》《魔球投手》《哈利斯的旋风》《巨人之星》，这些作品描绘少年时代的烦恼与喜悦，书写与劲敌的对决与友情，虽然内容各有各的独创，但可以说都是继承了福井的精神，按他的故事模式展开的作品。

5 儿漫长屋绅士录

《赤胴铃之助》登场

福井去世之后，各大少年杂志都陷入了大恐慌。因为福井的连载作品不得不中断了。尤其是那些刚开连载的杂志，也不能只登一期就终止吧，只能慌慌张张地到处找代笔。某家出版社听闻了福井的死讯，连个慰问电话也不打，只是下令手下："赶紧找代笔，找能画柔道漫画的，把他关起来赶稿。"我们听说后都很愤慨。这样太过分了。

总之，继承《毛栗君》精神的同类作品不断涌现：《不倒翁君》《木刀君》《黑带君》《力道君》《龙卷君》等等。

《赤胴铃之助》刚开始在《少年画报》上连载，如果随福井之死而被封存埋没就太可惜了。于是杂志起用了新人武内纲义，让他接着第二回继续画下去。

武内纲义在北海道做过矿工，他画过一段时间的纸戏剧，后来向《少年画报》投稿，实力得到了肯定。《赤胴铃之助》就是他实力的试金石。《少年画报》还特别安排了彩印这部漫画，想尽各种方法提升它的人气。

但热血运动类漫画实在已经泛滥成灾了，福井的这部遗作并没有激起什么水花。《赤胴铃之助》成为街头巷尾热议的话题作是昭和三十二年（1957年）被改编成广播剧之后的事了。通过这次成功，出版业和其他大众媒体联合起来，出现了"炒作热"，对儿童媒体也产生了巨大影响。

福井英一去世后，儿漫长屋的年轻人们依然爱喝酒聚会，常拉帮结派地突袭漫画家同伴的家，我们称之为"台风眼"。

在家工作时，常常会收到这样的线报：

"现在台风眼跑到涩谷的××家去了。"

"现在离开××家往新宿方向移动，〇〇宅需要提高警惕。"

"台风眼分裂为两派：一派威力减弱、即将消失（表示这队人要解散回家了）；一派转变为热带低气压（这队人肚子都饿瘪了，要当心），或有降雨（他们会过来借用厕所）。"

台风眼突袭到自己家里时，真的是一筹莫展。台风会说：

"给我喝的！"

"饭呢？！"

"冰箱在哪儿？"

"一起玩嘛——"

瞬间人就会被卷进台风里，扯得支离破碎后再被吹飞出去。

有时台风眼也会前往吉原、三业地、红线地带等风月场所，情人旅馆一家一家轮番刮一遍，有时甚至会连刮三天。

那时我刚买了索尼的新品磁带录音机，为了好玩，将台风过境的声音从头至尾录了下来。之后再回放，发现全是无法入耳的猥琐声音，真是吓了一跳，这可绝对不能让任何人听到啊。

然而，之后我越来越忙，必须在画好一张原稿的同时以口述的方式用录音机录下下一张的分镜稿（对白台词）。编辑随手抓了一盘旧磁带塞进录音机录了音。录好分镜稿播放时，我的声音插在台风眼猥琐淫荡的声音中，在整个房间里回响起来……

《漫画读本》与漫画热潮

不知是谁定下来的说法，说自昭和二十九年（1954年）起形成了漫画热潮。如果要追溯这种说法的源头的话，应该还是源自《文艺春秋》的宣传。

某天，《文艺春秋》的主编池岛信平坐车去青森做演讲，发现摇摇晃晃的三等车厢座位对面坐着横山隆一。横山突然发问："你们要不要出漫画读本？"

"漫画读本？"

"出一期《文艺春秋》的增刊，全登漫画。"

"这倒是个有趣的提案呢。"

提案通过了，十二月先印了十七万册，意外的是，这些在几天内就销售一空。

池岛对此目瞪口呆，一月又推出了一期，同样畅销。最终《漫画读本》不再依附《文艺春秋》增刊，成了独立的月刊杂志。《读卖周刊》有样学样推出了《读卖漫画》，《产经周刊》推出了《漫画特辑号》，甚至连岩波书店的杂志《世界》都开始登载《东西漫画会战》了。

就像是为了助长这股小热潮一般，隔年（昭和三十年）《文艺春秋》设立了文艺春秋漫画奖，描绘乡愁的漫画诗人谷内六郎获奖。这个评选结果让所有的漫画新人都备受鼓舞。另外，通过出版杂志《先锋》而具有一定公信力的漫画评论家伊藤逸平出版了正式介绍国外漫画的书籍《世界的漫画》。书中介绍了东西方知名的漫画作者：美国的斯坦伯格、法国的弗朗索瓦、苏联的库克雷尼克塞①、中国的米谷②……可谓群英荟萃，让漫迷们爱不释手。

总之，这股热潮的火愈演愈烈，有燎原之势。漫画青年人数猛增，各家杂志的漫画投稿栏百花齐放，大家都觉得《漫画月刊》已经不够看了，已经开始正儿八经地筹划推出《漫画周刊》了。

这时，《朝日周刊》以漫画热潮为主题做了一期特辑报道，标题为《曼波③销声匿迹，漫画如火如荼》。文中写道"漫画受欢迎是因为日本人天生懂漫画"，这可真是大错特错。在战前战中的日本，大众能懂多少漫画的诙谐幽默？漫画又是如何渗透到农村、渔村、穷乡僻壤去的？又如何丰富当地居民的生

---

① 库克雷尼克塞（Kukryiniksyi），苏联著名漫画组合，有三位成员：М.В.库普里亚诺夫、П.Н.克雷洛夫和Н.А.索科洛夫。他们主要合作创作政治讽刺画，并为小说绘制插图。
② 米谷，中国漫画大师。擅画讽刺幽默类漫画，主要作品有《米谷漫画选》《走马看英法》《米谷画选》以及连环画《毛泽东的青少年时代》《小二黑结婚》等。
③ 此处的曼波指的是曼波交际舞，在20世纪50年代曾风行一时。

活?这些都是疑问。

其实如果真去了那些小地方,你就会体会到比起"笑",大众更喜欢"哭"。母爱电影、世情浪曲才会让乡下人泪流满面地叫好。他们甚至以哭为乐。不信你去问问那些村妇吧,她们肯定会说:"哎哟,小哥,逗个乐还不容易吗?"她们最不缺烂俗笑话。先聊性话题,再聊邻居八卦、失败教训,最后再回到情事上。这些笑话是原始的、反射性的,不是幽默。漫画里的搞笑应该是幽默。

根据伦敦动物园的调查,某种猿猴能用近十七种类似笑的表情表达喜悦。人类(包括政治家)表达高兴的方式应该比猴子多十倍吧。但漫画中包含的笑的要素应该是高级的,可不能跟猿猴的表达一样。

漫画集团赴欧美旅行时,除了在西班牙我们被当作了"卖包的"(西语"包"的发音与日语"漫画"的发音一样),欧美人一听说来访的是漫画家,都十分尊敬。但去南洋的波利尼西亚旅行时,当地人的反应则是这样的:"画画?这些人是干吗的呀?"即便画了漫画给他们看,也不受待见。(小岛功听说有个"色情漫画岛"[①],马上认定那里就是我们的天堂,想去一探究竟。当然那里其实跟漫画没什么关系,只是在当地"漫画"这个词似乎有性器官的意思。)虽然我不想就此认定发达国家与

---

① 指埃罗芒阿岛(erro mango),太平洋岛国瓦努阿图共和国的岛屿。与日语"色情漫画"(ero manga)谐音。

不发达国家之间有不小的差距，但我知道越文明的国家，民众越能理解漫画的幽默，也就越喜爱漫画。在日本这种有政治家的国家，漫画不是应该发达不起来才对吗？

但到了战后，这个被认为国民心智只有十二岁半[①]的国家终于开始理解漫画包含的真正趣味，可以说是对占领期政策与官僚政党的批判和抵抗精神培养了这个国家的漫画鉴赏力。而漫画的繁盛也意味着文化的进步，真令人欣喜不已。当然过去也有很好的漫画，但北泽乐天、冈本一平等人的漫画都是城里人和知识分子看的漫画，往后我们必须让那些谈论别家情事的村妇也能看漫画。

漫画庄的房客

经《漫画少年》介绍，我搬到了丰岛区椎名町的常磐庄公寓。这栋公寓可以说是豆腐渣工程的典型，偷工减料到风能畅通无阻地穿过各个房间的间隙，从最外侧的房间直吹到最里侧的房间。而我就住在最里侧那间，所以各种各样的味道都会飘进我的房间。如果谁家煮咖喱，我屋里就全是咖喱味；如果隔壁有香艳的女客拜访，我屋里就满是脂粉味。每到这时，我就备感饥肠辘辘、香味呛鼻，实在吃不消。

[①] 指麦克阿瑟的"日本十二岁说"。

昭和二十九年（1954年），我荣登漫画家年收入榜首，周刊杂志的记者来常磐庄采访我。记者一进屋就皱起眉头，满脸惊讶地环顾四周，一副难以置信的表情。他在报道里这样记述："这位百万富翁住的那间公寓看上去像个危楼，六张榻榻米大小的屋内除了书桌和书架几乎一无所有。"看到报道写成这样，我多少有点在意。虽然不是出于本意，但为了能给到访的客人留下好印象，我决定至少要去买些值钱的家什。于是那以后我开始胡乱购置高档物品。我置办了皇后大床、当时刚普及的大电视、钢琴、立体声音箱、大落地灯、角桌等。这些东西杂乱无章地摆在房间里，害我睡觉时都只能把头放在桌下，手插电视机下，脚伸进钢琴底下。

这之后不多久，大宅壮一也来采访，他给出的评价是："屋子里塞满了有文化品位的各类家具。"其实说到底，这些都是撑场面的。想想一间宽敞的房子里摆着空心的超大尺寸电视机、弹不出声音的钢琴；墙面高于视线处挂着编号为 500 的莫迪里阿尼[①]的仿画；平时喝白水，只有客人来的时候才拿出来的香味浓郁的立顿红茶；酒柜上盛着汽水装样的洋酒瓶排得整整齐齐；书架上全是空壳唬人的书本码得井井有条。过个三十年，东京的名流们可能就住在这样的房子里。现在这样的名流也多的是，不住这样的屋子反而会被怀疑名士的身份。就跟公

---

① 阿梅代奥·莫迪里阿尼（Amedeo Modigliani），意大利画家，巴黎画派成员之一，擅绘颈部细长、色彩浓重、神情哀愁的人物肖像画。

山魈脸上的红青纹路一样,除了可以向他人显摆,也没别的用处了,完全是无用的身外之物。这么说来,猴子和人果然还是一种生物。

书归正传,我在常磐庄住了一年后,对面的房间也搬进来一位漫画家。他叫寺田博雄,刚从新潟进京,同样是由《漫画少年》介绍住进常磐庄的。他会打棒球,如果让他做棒球投手的话,他的技术能让专业选手都咋舌不已。听说他在来东京之前也迷惘过到底是进入棒球界,还是努力成为漫画家。所以他是真爱儿童漫画的,始终满怀信念进行创作,画出了《运动健儿金太郎》《0号棒球手》等精彩名作。他的坚持令我感佩不已。不知是不是因为他太热爱工作总是深居简出,我和他几乎没有打过照面。虽然寺田性格质朴、不事张扬,但为人可靠,因此逐渐结交了许多年轻伙伴。

昭和二十九年(1954年),足冢不二雄(之后的藤子不二雄)中的安孙子素雄进京来常磐庄拜访,不巧我正忙得焦头烂额,不得已只得请他先寄住在寺田那里。安孙子在寺田家待了大概十天,简直乐不思蜀。听说三餐都是寺田张罗的,但安孙子极其挑嘴,还完全不吃肉。我想随和的寺田大概为了陪他,有一周都没有碰自己很喜欢吃的肉吧。我相当好奇,如果安孙子去国外旅游,他在外地会吃什么东西?

结果某次这位安孙子忽然来问我要不要参加"吃鳄鱼集

会",真让我吓了一跳。一问方知,他的某位朋友养了条鳄鱼,长得很大。动物园不乐意接手,自家又养不起,于是决定杀了吃掉。我谢绝了入会,并不解:"安孙子,你不是不吃肉吗?"

"是的,不吃我也是会员呀。杀鳄鱼时我还可以帮鳄鱼超度。"

原来安孙子亲戚家是寺里的,所以他也懂得念经祈福。

之后足冢不二雄中的另一位藤本弘也到寺田家拜访。他还告诉寺田,自己终于可以和安孙子一起到东京画漫画了。安孙子和藤本在两国地区租了一个只有两个榻榻米大的房间,里面连桌子、书架和被子都放不下,只能把家具都堆在走廊上,两个人各占了一个榻榻米凑合着睡。

翌年,一位叫铃木伸一的人在中村伊助的介绍下来找寺田商量,说自己想画儿童漫画。其实比起漫画,他真心想做的是动画。因此寺田把他介绍给开始做动画的横山隆一。铃木现在已经是 ZERO 工作室动画部的领头人了。在藤子不二雄的漫画《小鬼 Q 太郎》和《小超人帕门》中出现的爱吃拉面的小池的原型就是铃木。

再然后石森章太郎也来了。他早先已经和寺田有书信往来,来常磐庄找我时两人才初次见面。石森章太郎也是位领袖人才,他也结识了很多新人。经由他的介绍,许多人才陆续来到常磐庄。比如赤冢不二夫、长谷邦夫、水野英子这几位伙伴。

寺田博雄的人格和理想是大伙都敬服的，大伙都"寺兄""寺兄"地叫他，很是亲热，尊他为兄长。

"我呀，真心看不上现在的那些畅销漫画家，你呢？"

"嗯，我也觉得那些家伙只会闭门造车，光想着赚钱，实在让人看不下去。"

"为了更好地发展漫画，我们要团结起来啊！"

"要一起组个团吗？"

"对啊，寺兄，你来当团长吧。我们意气相投，也不用再找别的人了。"

"那我们叫什么团呢？"

"已经有个'新漫画派集团'了……我们叫'新漫画党'如何？"

"'党'听起来不错呢。好，就这么定了。"

如此这般组成的"新漫画党"的成员有：寺田博雄、藤子不二雄、永田竹丸、森安直哉、石森章太郎、铃木伸一、坂本三郎，后来赤冢不二夫和角田次郎也加入进来，又过了很久，园山俊二也入了党。

成立这个党和成立漫画集团与独立漫画派的过程十分相似。以寺田先生为首，大家都是《漫画少年》的作者。因此以《漫画少年》为主舞台，用"新漫画党"之名接活，再分配给各成员去画，这点也与初期的漫画集团相似。

新漫画党每月召开一次自我批评会，大伙聚在一起慷慨激

常磐庄房客（左起：寺田博雄、赤冢不二夫、手冢、安孙子素雄、森安直哉）

昂地讨论漫画现状，出版精美的会刊，还组织过团体旅行。不久，藤子二位就退了两国的小房子，搬进了常磐庄。石森也住了进来。这个时候，虽然我已经不住在常磐庄了，但是赤冢不二夫、森安直哉、水野英子都搬了进去。水野英子被《少女俱乐部》发掘，毅然离开下关来到了东京。

　　常磐庄这时仿佛是年轻漫画家的梁山泊一般，每次我偶尔到访，都能在那里看到许多熟悉的面孔。因此常磐庄又被大家叫作"漫画庄"，甚至对于年轻漫画家来说，这里就是漫画界的麦加。你看就算耶路撒冷也颇为脏乱啊，我们常磐庄当然也能当圣地。

《莱欧物语》和漫画批判

集英社的主编长野先生毕业于早稻田大学文学部，他是萨特的忠实粉丝，制定的编辑方针扎实强硬，深受众人尊敬。一次，这位长野先生问我："我想在月刊别册上开一个新的连载，像'短篇剧场'那样的，不知道你有没有兴趣画？"我当然有兴趣，于是开始每月画三十页左右的单篇漫画故事，集结成了《莱欧物语》。这本该是让我大显身手的连载，同时也将我的缺点暴露无遗——无限度地拖稿，画到一半找不到人，偷偷跑去看电影或者完全交给代笔人……

于是，还没满一年这个连载就宣告终止了。当然最主要的原因还是读者反响一般。那阵子《赤胴铃之助》正因广播剧的开播人气如日中天；同时随着五味康佑、柴田炼三郎小说的风行，剑豪故事正大行其道。在这种时候还每个月画一些没什么人看的科幻故事，难怪孩子们都敬而远之。《绿猫》《白骨船长》《疯狂国境》《复眼魔人》《黑色宇宙线》这些科幻短篇漫画几乎没激起什么水花就被世人遗忘了。

一年后的某天，长野先生忽然对我说："手冢啊，你的《莱欧物语》很好卖哦！"

都过了这么久了，这是怎么回事，我满腹狐疑，好一番询问，长野先生才吐露真情："我们在市中心的大街上卖低价书，把《莱欧物语》也放进去了。好家伙，一转眼工夫这本就卖光了。"

好嘛,敢情能在清仓大甩卖中卖出去就算好了。我内心愤愤不平。但过了七八年,这个系列被重新评价,尤其许多科幻作者声称是这个系列让他们喜欢上了科幻,总算让我重拾颜面。

不过这个系列有个叫《复眼魔人》的故事,里面有位男装丽人登场。故事里出现了她关在房里换衣服,脱下西裤的场景,其实只画到小腿,结果长野先生竟然跑来对我说:"完蛋了,I商场宣布以后拒卖我们的书。"

"拒卖?为什么?"

"这个嘛,我也不知道该怎么说,应该……是手冢你之前那幅画又被人拿出来做文章,我们也被牵连了。"

《绿猫》

《白骨船长》

I商场的图书卖场成立了一个由评论家和儿童文学家组成的好书推荐委员会,被委员会打上"恶书"烙印的话,即便是有名出版社的出版物,也会成为攻击对象。

"这也太扯了!"我虽然表示了抗议,却无济于事。I商场再也不卖这本书了。"驱逐不良读物"本来针对的是青年向的三流杂志,结果最后矛头全对准了儿童漫画。这简直就是无差别攻击。

正巧,美国的记者A.E.卡恩(Albert Eugene Kahn)出了一本《死亡游戏:冷战对孩子的影响》(*The Game of Death: Effects of The Cold War on Our Children*),被引进到了日本。这本书里写道:"漫画的影响跟冷战的影响差不多。他们都让数以百万计的美国孩子熟悉了暴力、蛮行、横死等概念。"

《疯狂国境》

《复眼魔人》

虽然我也赞同他这个说法,但家长教师联合会和教育者们根本就在欺压儿童漫画了,总是鸡蛋里挑骨头。

"一页漫画中居然出现了十把手枪、两支自动步枪!"

"根本没什么文字,尽是些'呀''咻''哐咚'之类的拟声词。这对学习能有什么好处?"

"画得低俗,颜色又那么红。孩子们老看这样的东西,艺术感会麻痹,审美也会下降!"

"我们家的孩子读了《××××》漫画后,老是模仿里面的主人公说些怪怪的台词。"

"漫画是消极颓废的,一定要禁止!"

"没收孩子的漫画,让他们看好书!"

"跟出漫画的出版社抗议,让漫画家好好反省!"

这些观点每个听起来都很有道理,但它们没有探讨到点子上。它们光批判现象,却没有提出本质问题:"孩子们为什么看漫画?"这问题不是战后才有,也不是只存在于美国和资本主义国家,苏联等国家也有。

"为什么孩子们这么喜欢漫画呢?"

最终冈山的家长教师联

《黑色宇宙线》

合会将漫画和黄色杂志一起一把火烧掉了，搞得跟女巫审判一样。全国性的漫画批判运动此起彼伏，出现了"不买同盟""自戒要求"等呼声。儿漫长屋召开了全员集会商讨对策，但是我们只会说"要画好漫画"，却想不出具体的办法。说到底，什么才是"好漫画"？是家长、老师认为好的漫画吗？还是孩子认为好的漫画？还是说，家长和老师有遴选"好漫画"的权力和方法呢？

有很多妈妈说《赤胴铃之助》是"好漫画"。问她们理由，她们说因为《赤胴铃之助》教人要孝顺。用这样的理由来挑选漫画，我不敢苟同。你再继续问这些妈妈的话，就会发现她们根本不知道《赤胴铃之助》以外的漫画。她们甚至也没看过《赤胴铃之助》，只是在广播里听到过而已。就算再怎么口沫横飞地跟这些人解释什么是漫画，她们也不可能不作声地好好听完。她们能说的也就是一页出现了多少把手枪之类的话了。

偶尔也会出现父母、老师、评论家一致认可的漫画。他们会说："这可是真正的好漫画，推荐孩子们阅读。"结果却很惨烈。孩子们根本不感兴趣，退货的书堆积成山，出版社决定再也不出版这样的东西。

这里存在矛盾——即便漫画被没收、被烧毁，孩子们也会从不知道什么地方翻出漫画，偷偷地看——这是现实。

没有什么比这个更能如实证明大人与孩子之间的隔阂了。大人们从放弃式的"孩子要是这么喜欢漫画，那也没办法了"

转变为"如果对学习没有影响，闲暇时间看看倒也无妨"的肯定心态，最后甚至出现了"能够如此吸引孩子的漫画的魅力到底是什么，我们要把它找出来好好利用"的想法，已经是昭和三十五年、三十六年（1960—1961年）的事了。

大人心态的转变对年轻漫画家们来说是绝好的机会。

激烈动作漫画、少女恋爱故事、残酷青春物语……再也不用顾忌什么，如决堤一般出版。到了这个时候，已经不再有大人轻易地否定漫画。倒是有人开始对漫画感兴趣，想要读读看："我没收了儿子的漫画，自己翻了一下，还挺好看！大人也能看漫画嘛。没错，是这样。"就这样，出现了大人比小孩子看儿童漫画更起劲的奇怪现象。

到现在都有大人喜欢用研究艺术的方式分析、品评儿童漫画，简直像是大人抢了孩子的玩具。

这样想想，昭和三十年（1955年）的环境实在非常严苛。许多漫画家慌忙开始改画所谓的"真正的好漫画"，却不受孩子们待见，最终从漫画界彻底消失。

如今一些漫画画得真叫肆无忌惮，我觉得现在才正是该谴责、抵制那些漫画的时候，但当时那些趾高气扬的抗议者都去哪儿了呢？那群墙头草般变来变去大谈漫画功效的旁观者真的有保护孩子的强烈意愿吗？与其标榜、拥护一些半吊子的儿童漫画艺术论，还不如期许儿童漫画的"文艺复兴"，接受彻底的批判。

"世间的父母长辈们!教育界人士们!请你们痛斥漫画!现在正是需要你们批判漫画的时候呀!"

《漫画少年》停刊

《平凡》杂志销量突破百万。儿童杂志也从"读文章的杂志"转变为"看漫画的杂志",故事漫画的比重迅猛增长,曾经是杂志支柱之一的连环画却逐渐消失。

儿童杂志的赠品变成了各种各样的增刊,皱巴巴、黑乎乎的纸上印着看不清的字,篇幅四十至六十页,一次附赠个五六本,新年号甚至能附赠十本。增刊用"粗抄纸"印刷——这种纸在抄制时留下了大的颗粒,表面沙沙的、很粗糙,但是用它印制的书看上去特别厚,是让书尽量显厚的小花招。还有人记得"二战"期间的"楠公饭"[①]吧?虽然不知道具体的煮法,但煮出来的楠公饭饭量是翻倍的。看上去很多,吃起来却没有实质性的增加,是掩饰粮食不足的一种障眼法。儿童杂志的厚度跟楠公饭可以说是异曲同工。而且,就算孩子们知道这种把戏,还是会挑厚的买,出版社也只能从善如流。《漫画少年》虽然还和以往一样出版发行,但是逐渐招架不住月刊的增刊攻势,发行册数下降,退货量也逐渐增多。尤其它为了提升特色

---

① 据传为日本武将楠木正成发明,故得此名。可直接多加煮米水,也可以将炒好的玄米泡水一晚后再密封加热让饭粒膨胀。

改变了开本之后,退货更是愈演愈烈。

昭和三十年(1955年)前后,长期供稿的漫画大家岛田启三、田河水泡、泽井一三郎相继离去,福井英一亡故,还活跃于一线的牛尾走儿、马场登、古泽日出夫又难以持续供稿。无奈之下杂志只得刊登投稿常客的原稿或新人作品,导致杂志与读者进一步疏离。那时学童社从本乡坂搬到了饭田桥大楼的某单间,入口两侧的退书都堆到天花板了,外头有卡车经过时,那堆书颤颤巍巍、摇摇欲坠。不难想象承受着巨大经济负担的加藤先生内心有多么烦恼。一直拖稿,延误杂志发售期的我或许也该负一定责任。

那年的十月,如树叶零落一般,《漫画少年》停刊了。

是加藤先生创办的《漫画少年》引发了现今的漫画热潮,其功绩之大几乎是语言无法道尽的。如今活跃在第一线的大多数儿童漫画家都是从《漫画少年》出道的。寺田博雄、藤子不二雄、石川球太、赤冢不二夫、松本零士、石森章太郎、伊藤章夫、石川文康、中条健太郎、贝冢弘司,还有画成人漫画的多田宽、水野良太郎,甚至插画师横尾忠则、诗人高桥睦郎、导演和田诚、视觉艺术家田名网敬一也是从《漫画少年》获得了人生航路的指针。

6

战后第二阶段

日本动画起航

横山隆一毕生的愿望就是制作动画电影。虽然战时曾上映过中篇电影《阿福的潜水艇》,但那是趁横山前往外地期间其他人擅自制作的电影,横山对此很不满。后来横山倒是协力拍摄了战败前夕上映的超短篇动画电影《糊涂博士》,但横山真正希望的是独立完成一部影片,从胶片制作到销售都由自己包办。

昭和十年(1935年)前后,横山在漫画集团中提议要成立动画部,由横井福次郎等人协助。在购置摄影机时,他决定用五百日元买下一架京都产的旧摄影机。当时的五百日元相当于现在的两三百万日元。横山决定拿存款买摄影机,可他取钱的时候被扣了税,结果钱不够。最终动画电影部也不了了之。

昭和二十九年(1954年),横山弄了台16毫米的贝尔豪威尔摄影机,开始和助手在家里制作动画电影,当然他们只是做着玩而已。最终横山增加人手，在庭院里建起了小的摄影棚，并命名为"御伽①制作"。摄影棚开张那天名流云集，大家都衷心祝愿横山实现夙愿。横山把打高尔夫球的时间都省下来画原画，然后让助手描线上色，随后又花了一个星期摄影。终于在昭和三十年（1955年）年末完成了短篇动画《背背小怪》，大伙在文春大楼的一个房间里看了首映。

当天，助手一大早就坐在了放映机前面，因为担心中途卡顿，一直提心吊胆。放映前先播放了横山泰三友情出借的周游世界的纪录片，时间很长，吊足大家的胃口。给横山隆一献完花后，才开始放映《背背小怪》。故事的主角是一个趴在砍柴老人背上，像小阿福一样可爱的小怪。电影各处都散落着横山风格的奇思妙想，我当时就判定这部电影肯定能得奖。电影结局哀愁感人，收获了热烈的掌声喝彩。

随后在银座的啤酒馆举办了《背背小怪》的庆功会。正在劲头上的横山向大家宣告："今后我要换35毫米的摄影机做正统电影。"

老实说，我的很多漫画创意都是从横山隆一那里学来的。《小阿福》就是我的教科书。我儿时的笔记本上画满了小阿福的同人四格漫画习作。我如此尊敬的横山先生自费制作动画，让我一下觉得制作动画也变得触手可及了。横山喝着啤酒拍着

---

① 御伽有民间故事、神话故事、大人讲给孩子听的故事或传说之意。

我的肩膀说:"手冢啊,你要不要也试试做动画呢?"听他那么说,我很感激。

"哎,真的做下去就会知道也没那么困难啦。"

"好,我做做看。"

虽然我这么答了,但我又没钱,离真正实行还远,而且在此之前,我还得买房结婚呢。

御伽制作后来制作了正统的中篇电影《福助》和长篇电影《葫芦麻雀》,由东宝电影公司发行。这两部都是以青蛙为主角的童话故事。相较过去漫画集团流派的画风,这个阶段横山的笔触明显变得更柔和、立体了。我心中暗想:"原来动画还可以反过来影响原作者的画风呢。"

在中国台湾的报纸上还刊登了《日本的迪士尼:横山龙一》的介绍报道,不知为什么把"隆一"误写成了"龙一"。

东映社长大川博对于动画有自己的见解。他认为日本的电影在进驻海外市场时有一个很不利的因素——语言,而动画恰好可以跨越语言的障碍,拥有巨大的国际市场,最应该在海外播出。于是他在东映正式成立了动画部门,在摄影棚的旁边建起了工作室,招募日本动画电影有限公司的成员加入。前面写到过,日动有限公司是从日本漫画电影有限公司中分裂出来的公司,拥有一流的制作团队,以山本早苗为首,还有薮下泰司、大工原章、森康二等资深动画师。东映拨巨款为工作室置办了据说是日本第一架动画摄影机。

东映动画部的第一目标就是制作输出向作品。刚好有一位名叫里德的青年从美国来到日本研究电影，加入了动画部，准备找动画师做短篇电影。

"你想拍什么样的电影？"

"唔，想拍狸猫的故事。"

"狸猫？外国人懂吗？"

"外国人可能认为是浣熊。我想让狸猫穿着木屐，坐在有推拉门的传统和室中……"

我听了心想，这样的作品就算是东映也不会接受吧。

这部短片叫《狸猫中大奖》，最终只有里德一个人顺了自己的意，大家冷嘲热讽地说，片子应该叫《里德中大奖》。

除此以外，动画部还做了其他几部短篇动画，但是要和迪士尼对决，还是得做日本第一部彩色长篇动画。

于是他们让薮下当编导，从中国的《剪灯新话》中取了《白蛇传》这个故事，做出了第一部彩色动画。听说起初打算做中篇，分成前后篇上映。

制作进度屡屡延迟，而大川社长打算在昭和三十三年（1958年）年末首映，时间不够，只能拼命连日熬夜赶工，最后总算掐着点完成了试映片，在昭和三十三年十一月举办了首映会。大川社长带着先驱者的自豪和气势在舞台上致辞，镇住了在场的观众。

电影真的很棒。但大家也颇意外，为什么第一部作品要改编中国的神怪故事呢？东映的一位工作人员解释说："这就是东映彩色电影的风格嘛。""接下来我们要改编《猿飞佐助》，还有《大江山》《弓张月》，接下去还有《水户黄门漫游记》《弥次喜多道中记》。东映的高层们认为动画电影就得拍这种古代的经典故事。"

先不提这些，我们走进了剧场对面的酒吧，边回味观影的感动，边为东映动画的前途干杯。我旁边坐着久里洋二，那一年文艺春秋漫画奖的得主。

"我们也来做动画电影吧。"

"我一定会做的。你瞧着吧。我会做出不用花那么多钱但更好的作品。"

"好，那我们就彼此加油吧！"

民营电视台也陆续开办起来。这种新兴企业人手不足，其中也有像NET（现在的朝日电视台）这种直到开张前工作人员都不够的电视台，只能从附近的俳优座剧场挖墙脚。为了制作节目插播的商业广告，大量小规模的动画工作室成立。这些小公司发展壮大之后，有的甚至发展成了像JTC（日本电视台）这样的大公司。

我隔三岔五会受邀去电视台录节目，多半是些讨论"漫画和孩子"的主妇类节目，随便找几位教育评论家和主妇入席。他们看我的样子像是和我有不共戴天之仇，大谈特谈"漫画的危害"。

之后,主持人就会说:"那么请手冢先生从漫画家的角度说几句……"说着把话筒塞到我手里。说来说去都是同样的话题,我觉得老说同样的话不太好,于是问道:"最近在××电视台聊过这个,今天我说点别的吧?"主持人听了这话却说:"不用不用,聊过的可以再聊嘛,和以前说过的一样也没事。"我一边想着"这些我都讲烦了",一边还是再重复一遍相同的话:"漫画就是调剂品。""孩子们喜欢漫画。""我希望大人们也可以和孩子一起看漫画。"

好嘛,当我说完这些话走出摄影棚的时候总会这么嘀咕:"全是谎话。"

剧画缘起

我好歹也是学医的,还喜欢科幻,明明该是个理性的人,奇怪的是我居然对占卜毫无抵抗力。

因为我在大路边就遇到过点着灯笼的落魄算命先生,铁口直断让我折服。我三十多了还是孤身一人,虽然有好几个人亲切地帮我介绍了相亲对象,但是那几位女性要么比起漫画更喜欢麻将,要么对我这个阪神队粉丝说自己支持巨人队,没有一个合得来。我也有些着急,一个人走在繁华街道的时候就会很想偶遇算命先生算个前程。有个在百货店门口摆摊的算命先生和我混了个脸熟。他自称乃神算高岛象山弟子的亲传弟子,给了我许多指点。他老对我说:"你会让女人哭,怎么让她们哭的我不知道,但是为你伤心的女性很多。"听起来我像是能享尽齐人之福。想想我老婆确实常会因为我要赶稿不能回家而哭泣——不,更准确地说是生气。最近有一次,我不留神在家说了一句:"今晚我住这儿。"我老婆听了大怒:"什么话!说得好像你住情人家一样!"

算命先生还对我一语道破:"你要是在公司上班,顶多能当个科长,绝对当不了部长。"一般的客人听了这话肯定要生气了,但我跟他熟,就追问:"为什么?"

"你易怒,还不会看人。说话爱带情绪可是个大缺点。"

他说的在理。我生性易怒。我甚至把发火当成一种养生的方法,唠唠叨叨、大发雷霆令人神清气爽、心情舒畅。忍住怒气、压制情感对身体可不好,甚至会内分泌紊乱、食欲下降,头脑也会疲劳,但是被熊的人可就难以忍受了。某周刊杂志报道过,我只要一沉下脸,周围的人就会唰地作鸟兽散状。

曾有一次我真的被寻卦问卜的威力吓到。当时我因为一些原因请人帮我算风水,某位曾帮政客算过仕途官运的神算跟我说:"从你家往东直行有块风水宝地,你需要捡一块土带回家,但你一定会迷路,这时你要找人问路,必然会看到寿司和荞麦面店。你拿到土离开那里正好三点整。"

我查看地图,发现从我家一直向东是柴又区的帝释天寺,于是立马开车前往,果然迷路了。我不信邪,特意避开店面,在路边找了一个男子问他:"帝释天寺怎么走?"没想到他身后就是寿司店,开什么玩笑!原来他是为寿司店送外卖的店员。

这还没完呢,我到帝释天寺才两点,拿了一把土想回去的时候,寺里的人抱来了一堆色纸拜托我签名,好不容易把这些都签完,松了一口气正要出山门的时候,竟然就听到了三点的报时声!

我说自己信算命,大家都笑话我,只有马场登不笑我,还表示赞同。马场对风水学很在行,我现在住的地方就是听了他的忠告定下的。然而,据说马场的风水学就是一派胡言。

占星术好像很大程度上也是靠统计学做出的判断。是吧,到底是根据埃及王朝以来三千年的数据算的卦。我们看魔术都知道往往戏法越玄妙,手法越简单。那些乍看荒诞不经的卜卦,说不定也出人意料地有简单的科学依据呢。现如今切实存在着很多现象我们说不清它的原理,但现实主义者们对此嗤之以鼻。如果明天这些现象得到了解释,这些人又会立马推翻昨天自己说过的话:"还用说,这不显而易见吗?"

我们在漫画里画登月火箭、人造卫星、电子大脑、人造器官,那些大谈这些荒唐无稽、有害无益的人在昭和三十二年(1957年)之后终于偃旗息鼓。那一年,苏联发射了"卫星1号",紧接着又用"卫星2号"把莱卡狗送上了天。次年,美国也发射了"探险者1号"卫星。从那以后,至少在人造卫星方面，不管我们画的故事多么荒唐，这些人都不会再抱怨什么了。

即便如此，要是画一些太空旅行题材的漫画，他们又会一直指责："乱画！一派胡言！"正巧昭和三十四年（1959年）苏联发射了宇宙火箭，半年之后甚至大胆地近月飞行，拍摄了月球背面的照片。这样一来，那些人又没话说了。以后竟然还出现了"科学幻想漫画可以预言般地画出人类的梦想，真是太伟大了"这种吹捧文，实在可笑。

昭和三十年到三十二年（1955—1957年），不光科技，从各个意义上都迎来了战后的一个过渡期。这还得从《太阳的季节》说起。[①] 被称为"太阳族"的青年们，沉迷于摇滚乐的少年们，从砂川事件[②]开始走政治斗争路线的全学联[③]……到了昭和三十三年（1958年），连红灯区绿灯户都纷纷歇业了。与我们历经战时到战后那种无力不安的青春不同，带来新思想和新生活方式的青春诞生了，人们洋溢着活力进入了"战后第二阶段"——昭和青少年世代的活跃期。

---

① 《太阳的季节》是当时风行一时的青春小说，故事的主人公生于富贵之家，自幼娇生惯养，藐视一切社会规则，是家庭和社会的寄生虫。下文的"太阳族"指代随着日本战后经济复苏，精神日渐空虚、失去信仰的年青一代。
② 指东京砂川町（现立川市）居民和全国学生联盟发起的反对美军基地扩建的运动。
③ 全日本学生自治会总联合会的简称，1948年作为全国大学学生自治会的联合机构成立，是20世纪50—60年代学生运动的核心组织。

石原裕次郎、小林旭、赤木圭一郎、五十岚信次郎等偶像明星活跃于舞台和大银幕。"酷"这个词就是在这个时期成为孩子们的常用语的。当然，漫画也不可能不受这些潮流的影响。

昭和三十年（1955年）前后，大阪出版漫画的出版社已经奄奄一息。之前市场火热时如雨后春笋般争相冒出来的出版社又像幽灵一般消失了。

"不意外呀，卖得稍微不错的漫画家都抛弃大阪去东京发展了嘛。这可能就是大阪赤本的宿命吧。"

这其中只有一家专精于租书市场的叫"日之丸文库"的出版社还在持续出新书。社长名叫山田，是一位有骨气的年轻人，满腔热情地坚持独立支撑着已经没人看的大阪漫画。自然而然地，新人们都聚集到山田社长身边，山田也事事关照他们。

一天，一位名叫辰巳嘉裕的国字脸青年抱着一堆稿子走进了出版社，当时平常负责审稿的专人不在，辰巳放下稿子就溜了。为什么要溜呢？因为他觉得无论谁看了这个稿子都会有意见。这部名叫《无声目击者》的长篇漫画，线条粗糙，同一个房间的场景竟然画了好几页，八成会被劈头骂："哪有这样的漫画？！"

辰巳对当时的儿童漫画有些难以言明的反感，他讨厌自己的作品被称为漫画，遂称之为"剧画工房"。一天，日之丸文库的记者问他："你是不是在画纸戏剧？"辰巳给自己的作品起名叫剧画工房完全是觉得叫着响亮，倒没想太多。这时他才知道原来纸戏剧也叫"画剧"〔有人认为"剧画"一词源自"教育画剧（纸戏剧）"〕。

辰巳为了让作品更具现实性，在故事当中加入了心理描写，使故事内容更为厚重。自然，读者的年龄层也更高。他和东京的年轻漫画家柘植义春有书信往来。一次，辰巳以电影演员志村乔为参考对象创作了大鼻子的角色，才发现柘植义春早在自己的作品里画过相似的形象了。之后，在柘植义春的作品里又出现了好几次"志村乔"。有趣的是，白土三平这段时间也很爱看柘植义春的漫画，也在自己的作品里画起了志村乔模样的角色，所以白土的漫画中像志村乔的人物也出现了好几次。

辰巳某次闲来无事待在日之丸文库的时候，来了一位身材瘦削、一脸专家模样的青年。他自报家门说："我是斋藤隆夫。"斋藤家里开理发店，他自己也是有理发执照的专业剃头匠，可不也是个专家嘛。

斋藤隆夫、辰巳嘉裕，加上佐藤雅旦、高桥真琴这几个人聚集在一起各画了二十几页的短篇，出了个短篇集叫《影》，以每月一本的频率由日之丸文库出版发行，然而一开始《影》的销量并不好。于是他们用心给封面加上了护封，内容也增加至原先的两倍以上，如此形成了自己的风格，读者反响热烈。

各处相继出现了模仿《影》形式的漫画书。大家注意到这种不像漫画的漫画,开始尝试画一些无台词的漫画或实验性的心理剧。

《影》在租书店也屡获好评。来租书的不是孩子,而是他们的父母。

"我在被窝里看完了,新一期的《影》到货了吗?"

"这套漫画给我先来个五六本!"大人们这样嚷嚷着。

"怎么说呢,这样的东西可不能给孩子看啊。"

画面写实、表现激烈,对孩子来说太刺激了……

"现在我们的作品太容易和儿童漫画搞混了,我们改个名字吧,这样读者也能有个清楚的认识。"

于是大家集思广益,也考虑过"格画""说画"之类的名字,但最终还是决定叫它"剧画"。

剧画工房敬告

世间万物不断变迁。自鸟羽僧正[①]以来,漫画界的发展可谓日新月异。直至昭和年间,漫画分为了两类:成人漫画与儿童漫画。成人漫画又细分为政治漫画、风俗漫画、家庭漫画、故事漫画,如树枝般交错纵横,

---

① 平安时代后期的僧侣,擅长绘画,《古今著闻集》《长秋记》等书对其画技有记载,一说《鸟兽戏画》也是其作品,被认为是日本漫画的始祖。

发展方向各异。儿童漫画也因读者对象的不同,出现了很多新的漫画类别。以手冢治虫为首的故事漫画发展迅速,儿童漫画的地位不断攀升,正一路高歌猛进。

近来电影、电视、收音机正超音速般发展,受其影响,故事漫画的世界萌生出了新的树芽。

这就是剧画。

剧画与漫画的差异,除了技法不同,更在于读者对象不同。从孩子长成大人这期间,虽有需求,但可能是缺少相应的出版机构,市面上没有适合他们阅读的娱乐读物。这些读者正是剧画的目标读者。此外,租书店对剧画的发展功不可没。

待开拓地——剧画。

剧画工房的现状即是如此,我们需要诸公的声援支持。

斋藤隆夫　佐藤雅旦　石川文康　樱井昌一
辰巳嘉裕　山森进　K.元美津

我在昭和三十四年(1959年)收到了这份敬告书。

昭和三十二年(1957年),辰巳和斋藤进京,同住一栋公寓。过了差不多一年,他们在兔月书房出版了短篇剧画杂志《摩天楼》,同样大卖。他们还在座谈会上见到了当时刚开始在兔月书房连载的水木茂。

当时水木茂没有在画他拿手的怪谈漫画，而是在画有点怪诞、真人连续剧风格的战记作品。他满腔热情地对辰巳嘉裕说："剧画将来肯定会畅销。嗯，必然大获成功。"辰巳紧紧盯着水木的脸看，心里感慨：东京居然也有这样热情的剧画人。

水木茂的怪谈漫画的主角中出现过一个戴着眼镜、有点龅牙的国字脸青年，这个角色的原型正是辰巳嘉裕的亲哥哥。

我结婚了

租书店里全是剧画，连来我家帮忙的助手都借了二三十册剧画书看，面对这样的情形，我的内心无法平静。

终于我神经衰弱已极。一天，我从二楼楼梯上摔了下来。

读者来信如雪花般飞来，全在指责我因循守旧，不管画什么评价都很差，现在连我的助手都痴迷于剧画。我感觉世界末日已经到了，甚至去千叶医科大学的精神科接受了精神鉴定。

"唔，你神经衰弱很严重啊。这三年你都别工作了，在山里静养比较好，工作都停下来吧。"

我更加歇斯底里，顶撞医生道："要停业三年？！"

"还有啊，单身不好，要结婚啊。什么？已经三十三岁了？还不结婚？你是不是那方面有什么缺陷啊？"

"……"

"要运动。你擅长什么运动？杠铃、单杠都可以——如果什么都不行的话，做俯卧撑也行，每天要做一百个。"

又要我结婚，又要我隐居山中，还要每天做一百个俯卧撑。这些事是可以同时做到的吗？我气恼不已，又一次从二楼摔了下来。

连我的经纪人也来告诫我："为了自己好，差不多是该结婚了。"于是，我决定与自己的青梅竹马结婚。出版社知道后不但没送贺礼，反而很不像话地把我的截稿日期提前了很多。

托出版社的福，我和我老婆结婚之前只约会过两次，而且第一次还是在我神经衰弱发作的当口。我坐电车去约定的站台，却坐过了站，慌忙往回赶和她见面之后，已经没什么时间约会了。第二次我逞强带她去了河豚店，喝了杯酒。因为工作太累，一下就醉了。我喊着"一起喝茶"，又把她拉到了茶馆，结果一坐到椅子上我就睡死过去了。后来听说她就呆呆地望着我的睡脸直到我醒来。

最后，终于要在东京办婚礼了。我拜托漫画家前辈松下井知夫先生做了我们的主婚人，但是直到婚礼前一小时，我还被杂志编辑关起来赶稿。

等到度蜜月的时候，到了目的地一看：哈，这里俨然是深山老林啊！根本没什么可玩的。我老婆就说："我们骑自行车去远一点的地方转转吧。"

我老婆似乎学生时代起就活泼爱动，而我呢，前一天还在

和冈田悦子结婚（1959年10月4日）

拼命赶稿，已经精疲力竭，骑自行车骑了二十公里，屁股疼得像是要裂开一般，已经直不起腰腿。如果晚上再强制我做重体力活的话，我大概要一命呜呼了，我悲鸣着认输。

然而不知道哪里出了差错，我们晚上留宿的地方不是旅馆，而是类似夏令营的学生才会住的那种山间小屋，空落落的，还结着蜘蛛网。到了就寝时间，我们拉上了挡雨板，却发现木板之间都是洞洞。

那个晚上我们整夜没合眼。第二天早上，老婆在被窝里尖叫道："好像有什么从小洞里在看这边！"我出去一看，从小洞里漏出来的光投影在纸拉门上一闪一闪着，外面的确有什么东西在往里看。

"混蛋！"

我猛地打开拉门，一下就被镇住了：往小洞里探头探脑的是一只小麻雀。看到这一幕，我放下了心却又一阵不爽，开始严重腹泻。那天我一边与老婆散步一边按着腹部，呼哧呼哧地吐着舌头喘粗气。最终我们结束了蜜月之旅，早早地踏上返程。回家后的第二天，我就卧床了。

如果是漫画的话，到这里差不多一卷就该结束了，但现实不会这样，睁开眼睛老婆还在。可我的精力极度衰退、精神错乱、毫无食欲。我想起朋友曾向我介绍过上野站站前的一家中药店，于是前去那里买强精剂。

我以为那里的人会给我烧黑的蝾螈之类的东西，谁知店主抓起一条蝮蛇，一刀砍下了蛇头开始放血，并嘱咐我尽快喝下蛇血。

我把装着蝮蛇血的小瓶子藏进口袋，钻进一家音乐咖啡店。我看顶楼没客人才坐了下来，点了一杯橙汁，打算把蛇血兑在果汁里喝下去。我从口袋里拿出小瓶，想了想又放回去，又想了想，还是叹口气再拿出来。为我端来果汁的侍应生看到了，慌慌张张地跑下楼带了店长上来。店长吓得脸色发白，大叫道："这位客人呀！别想不开！快把药给我！"

日本科幻作品的发展

我老婆嫁给我之后才来东京生活。不知道她是怕生还是对东京毫无兴趣，从不迈出大门半步。而我还是照旧被关起来赶稿，一点也没摆脱单身时期的坏毛病，让那些以为我结了婚他们的工作就会顺利的编辑大失所望。

一天清晨，在离家颇远的旅馆里留宿的我接到了老婆的电话。她声音发颤："客厅里的窗户不知被谁卸下来了，好像有人溜进家里了。太可怕了。你赶紧回来！"

我连忙提刀——当然没有刀啦，是握紧了钢笔和铅笔冲回家，开始追查究竟是哪个混蛋闯入我家，最后发现闯入者是我的助手I君。老婆一人在家害怕，就锁上了大门睡觉，结果一大早来上班的I君发现大门打不开，没办法才打开窗户闯了进来。

之后几年同样的事情仍不断发生。老婆某天早上在厕所前大闹，说小偷从厕所窗户里爬进来了，地板上留下了鞋印的痕迹。我慌忙一查才知道，某出版社的记者凌晨来家里取原稿，因为打不开门，来之前又喝了点小酒，趁着酒力打开厕所窗户翻进了我家。我老婆火冒三丈，直言让我不要再接杂志的约稿。我和老婆吵架也都是因为我工作过于辛苦，或是因为三教九流什么访客都来我家。要是我有外遇可能会比较引人遐想吧，但全是为了这些鸡毛蒜皮吵架，实在不好意思。

我的内心焦躁不安着。画了十几年的漫画，我清楚地知道自己的作品已经变为老一套了。早先市场上我的竞争对手已经一个不剩地从第一线消失，如今我的劲敌换成了那些从小读着我的书长大的、充满活力的年轻人。成为漫画家的时间越长，我越会强烈地意识到新旧代际的鸿沟，不得不承认自己的落伍。横山光辉的《铁人28号》、桑田次郎的《幻影侦探》、堀江卓的《矢车剑之助》、水野英子的《星星的竖琴》……每每这些人气漫画开始发售，我就会被"啊，又被年轻人超越了吗？"的想法驱使，变得非常悲观，抱着头四处转圈。我会突然一把抓住经过的助手，翻来覆去地发问："喂，你觉得我现在的漫画怎么样？过时了吗？无聊吗？看腻了吗？你直说无妨，我的漫画是不是已经完蛋了？"

我的那些助手也够无情的，直接就说："嗯，最近感觉是没什么意思，以前我可是特别喜欢啊……"虽然这个回答很讨厌，但也真是很明确了。

这样一来，我备感挫折，迁怒于家里人，总和老婆吵架。这些症状像躁郁症，时隔几年就来上一次。每到这时，为了转换气氛、打破僵局，我会去做其他事情，通过让自己沉迷于这些事情来排遣情绪。说是"换换心情"可能也不对，但我曾断然不画漫画，决定回去学医。就这样我进入了奈良医科大学的研究室，在恩师的指导下取得了学位。因为是研究田螺的精虫取得的学位，伙伴们听了又是吃惊又是好笑："手冢你又被虫子缠上了啊。"精虫和虫并不一样，无奈"精虫"的确带一个"虫"字。大家还会问我，为什么特地选田螺研究。因为我们虽然知晓人类精子的构成，但它是人体内的组织，很难见到新鲜的标本。可我们无须顾及田螺是否活蹦乱跳，可以把它切碎，用其生殖器当标本，而且人类精子成形的过程与田螺精子是一样的，可以根据田螺的标本来推测人类的情况。

比较田螺的精子与人的精子（其实也不一定非要研究田螺，猪或鸡也是一样的），可以看出一个很大的共同点。横向切开精子观察，会看见九根螺旋状的神经轴突。实际上，所有的动物都不多不少拥有九根轴突，真是个非常奇妙的共同点。

"说起来，从古时候起'九'这个数字就充满神秘的色彩，比如九曜星、九尾狐。为什么要特意取'九'这个数字？真想问问古人呢。"

教授笑了："应该还有其他'九'数的东西吧？"

我答道："一支棒球队有九个人。"

但是想来棒球和田螺的精子应该是没有什么关系的。

像这样将毫无意义的巧合扯上关系，就是"SF"的领域。

日本的 SF——science fiction（科幻小说）——在战前几乎不受认可，只有押川春浪、海野十三、小栗虫太郎、北村小松这几位发出零星的星光。与漫画的情况相同，科幻小说被视为荒唐无稽的大众小说，完全遭学界忽视，没有任何地位。但战后科幻成为担负起新时代文学的一个文学类别，在国内外都获得了新的评价，这是不争的事实。众所周知，雷·布拉德伯里、阿瑟·克拉克、斯坦尼斯拉夫·莱姆、乔治·奥威尔、安部公房的作品广受好评，即使作为纯文学来看也不逊色。①

不管怎么说，到底是科学题材的小说，年轻读者很多。跟看漫画一样，一旦迷上科幻小说，就会看得废寝忘食。不，事实上，科幻小说与漫画的读者群是重合的。在科幻粉丝的同好杂志上，总是同时刊登粉丝写的小说和漫画。

对科幻小说的普及做出巨大贡献的当属翻译家柴野拓美与早川书房《SF杂志》的主编福岛正实。柴野在昭和三十三年（1958年）主办了同好杂志《宇宙尘》，聚集了全国的科幻爱好者。《宇宙尘》的很多同好成员后来成了第一线的科幻作家，包括星新一、小松左京、矢野彻、光濑龙、眉村卓、丰田有恒、平井和正等人。将他们打造为专业作家的正是《SF杂志》。有趣的是，这群作家里有许多人画过漫画，至少爱看漫画。

听说小松左京在大学毕业时将自己画过的几千页漫画原稿都烧掉了，以此作为自己战争经历的终结。之后他当过乞丐，

---

① 雷·布拉德伯里（Ray Bradbury），美国科幻小说家，科学幻想诗人，擅用优美的文笔描写幻想，受到主流文学界的赞赏。代表作有短篇小说集《火星编年史》（*The Martian Chronicles*）、反乌托邦长篇小说《华氏451》（*Fahrenheit 451*）。阿瑟·克拉克（Arthur Clarke），英国科幻小说家，其科幻作品多以科学为依据，小说里的许多预测已成现实。代表作有《童年的终结》（*Childhood's End*）、《2001：太空漫游》（*2001: A Space Odyssey*）。斯坦尼斯拉夫·莱姆（Stanislaw Lem），波兰科幻小说家，其作品充满哲思，常书写的主题为人类与外太空文明交流的不可能性。代表作有《索拉里斯星》（*Solaris*）、《其主之声》（*His Master's Voice*）。

编辑过总会屋①杂志，甚至长时间以写漫才段子为生。突然，在一个晴朗的日子里，小松因参加《SF杂志》征文比赛获奖而出道成了科幻小说作家。

筒井康隆是大阪天王寺博物馆馆长的儿子，他和弟弟一同写科幻小说，还自费出版了同好杂志《空》(*Null*)。这位筒井康隆也曾立志成为漫画家，即便如今成为作家仍不减斗志，时不时地会画画漫画，所以其他小说家老骂他是叛徒。

眉村卓少年时代也曾经向《漫画少年》投过漫画稿，那时候用的是自己的真名村上卓儿。

星新一是绝对不画漫画的。他某次为了庆贺某事画了一只鹤。那只鹤身短脖粗，怎么看都像鹈鹕宝宝。这只鸟被叫作"星鹤"，一举成名。小松左京等人甚至在他们编剧的电视剧中让"星鹤"出场。从此以后，星新一坚决不在人前画了。不过他对收集国外漫画异常执着，甚至写了国外漫画的解说书。

石川乔司这位一流的科幻小说评论家同样也促进了科幻小说的发展。这个人的阅读量（包含科幻书籍在内）大到令人难以置信，仿佛他是饮了琼浆玉液作为读书的能量。石川热爱赛马到被别人问"石川是马，还是马是石川"的程度，他甚至写了赛马的科幻小说。

北杜夫是科幻小说迷，这一点也可以从他写的很多科幻杰

---

① 总会屋是持有数家公司的少量股票，通过妨碍或诱导股东大会议事来敲诈的组织。有些组织还与暴力团伙有密切联系。

作中得到佐证。同时北杜夫也是漫画通，现在还是两项漫画奖的评委，还担任某家出版社漫画全集的编纂委员。

虽然我不知道为什么大家会同时喜欢科幻小说与漫画，不过大致可以从几点看出来：两者都是带有强烈讽刺意味的戏剧创作，写不好就会被视为荒唐无稽，都指向未来，都包含着面向年轻人的浪漫元素。总而言之，它们是"一丘之貉"。

柴野拓美一边做夜校的老师，一边筹划着科幻爱好者的集会——日本SF大会。第一届日本SF大会在东京目黑区举办。柴野仿照美国对同好集会的取名方式，将这个在目黑举办的大会简称为"目会"。

我也收到了大会通知。助手一脸不解地问道："在目黑有个SF大会，到底是什么会啊？"

"你不知道SF？那是缩写啦。"

我如此解释后，助手拍手说道："我知道了！是落语大会吧。不是有个落语段子叫'目黑的秋刀鱼'吗？S指的就是秋刀鱼（sanma）吧。F是什么呢？应该也是鱼吧，对了，是河豚（fugu）！"

于是我就去参加了目黑的"秋刀鱼河豚大会"。其实呢，科幻与落语倒也不是毫无关系。星新一常被要求在读者面前朗读自己创作的科幻小小说，其中有位过分的读者要求道："嘿，星新一，给我们现编一个短篇故事吧，让大家乐一乐。"他可能以为跟在落语剧场看即兴节目一样,还能叫安可呢吧。

之后 SF 大会每年都会召开。在名古屋举办的就叫"名会",东京的叫"东会",那大阪的就叫"白萝卜",练马的就叫"莲藕"咯。①

白土三平登场

战后第十年前后,全国纸戏剧从业者已有五万人,光东京就有三千余人。在纸戏剧领域德高望重,被尊称为"老师"的加太一松此时已成为纸戏剧画家组织的领头人。

就连画《赤胴铃之助》的武内纲义到东京后,也加入了加太先生的组织,在那里学习画纸戏剧。加太在年轻人面前讲了一连串的大众文学论,拼命记笔记的只有武内一人,武内真的非常认真。武内画一张原画,稿费只有十五日元,大家都觉得太寒酸,就劝他把画稿卖给出版社。这就是《赤胴》的由来。

冈本唐贵是有名的无产阶级画家,他儿子叫冈本登,本是偶戏团"太郎座"的成员,但因那份工作没法糊口而开始以画纸戏剧为生。不知为何大家都不直呼其名,而称他为"三儿"。他在加太手下创作了名为《小智》的系列纸戏剧漫画,跟赤冢

---

① "大阪大会"(daikon)和"白萝卜"(daikon)同音,"练马大会"(renkon)和"莲藕"(renkon)同音。

不二夫的《阿松》一样，都是搞笑漫画。《小智》的大红使冈本登被视为搞笑漫画家。

三儿当时和同一剧团的一个叫真弓的女孩和一个叫牧一马的青年一起合租。有一次，牧一马有事外出，那天晚上没有回家。半夜时分，有人敲加太家的门。"哎呀，这不是三儿吗？怎么这么晚过来？"加太惊呆了。"那个……"三儿吞吞吐吐解释道，"我家现在只有我跟真弓两个人……孤男寡女的不太好……不好意思啊，让我在你这边暂住一晚吧。"加太被他纯朴的品行感动，那晚上让他留宿了。第二年，三儿就与真弓结婚了。

加太先生过去曾创作过以"一向一揆""山城一揆"等日本历史上的农民起义为题材的纸戏剧。[①]真弓出演了这些剧，三儿也因此深受影响。听说三儿还会偷偷拿加太先生的藏书阅读。然而靠画纸戏剧也活不下去了，于是三儿就画漫画，向各家出版社投稿。昭和三十二年（1957年）十二月，三儿的夫人带着一大批剧画原稿去见了后来与三儿来往密切的、名叫长井的人。长井读了画稿后惊为天人，该画稿作画逼真，前所未见，揭示了忍者世界阶级斗争的本质。这部作品就是全八卷的《甲贺武艺帐》。从这部作品开始，三儿走上了自己的漫画

---

① 一向指一向宗，即净土真宗；一揆在日语中指各种起义暴动。一向一揆指日本室町时代百余年间（1460—1591年）真宗僧侣及门徒为保卫宗门安全、反抗统治者暴行发动的宗教起义。山城一揆指日本战国时代在山城国发生的起义。

之道。

昭和三十四年（1959年），三儿开始在长井的三洋社连载《忍者武艺帐：影丸传》。这部历史大河剧在三年后的昭和三十六年（1961年）完结，极为畅销，三洋社连一本库存都没剩。全十八卷的《忍者武艺帐》在漫画爱好者眼中简直媲美《圣经》，整套定价逾一万日元。

于是，三儿——白土三平，成了剧画的救世主。

如今他成立了赤目制作公司，默默创作着鸿篇巨制。

可以说自从白土登上漫画舞台以后，儿童漫画出现了巨大的改变。读者开始追求更强的戏剧性、写实性和思想性，单纯的故事漫画已经得不到成人世界的认可了。整个过程都反过来了，儿童漫画首先要被大人认可，再通过传媒宣传扩散至孩子中间。

至此，我再度跌入极度两难的境地。难以预测白土那逼真到残酷的画面会对孩子们产生怎样的影响，而且我认为对爱看漫画的孩子来说，大人用理论分析、评价的那堆东西根本没有意义。

也就是在那个时期，杂志《朝日周刊》上刊登了文章《读漫画的大学生》，引发世间哗然。以东京大学为首，各大学的小卖部都开始售卖儿童漫画周刊，越来越多的大学生一手拿哲学书，一手看漫画，还有一些人像研究列宁、马克思的著作一样研究《忍者武艺帐》，真让人目瞪口呆。

街头纸戏剧摊受到电视和其他一些强势娱乐项目的冲击，一下萧条了下去。加太对这种景况也十分无奈。有次，加太坐上电车，身后赶来个追债的，他只好拼命假装没看到。不经意间往前一看，评论家鹤见俊辅正站在那里。他立刻上前搭话："啊，是鹤见先生啊……我叫加太……我常在电视上看到您……"借此机会，加太加入了鹤见组织的"思想的科学"团队，写了《街头自传》等书，成了一名大众文化评论家。

纸戏剧真的从此沉寂了吗？

我认为纸戏剧虽然寒酸、简陋，却又具有强劲的吸引力，是最适合日本人的大众娱乐。我小时候放学，虽然知道必须早点回家，却总被纸戏剧的梆子声吸引过去。前几日，巴基斯坦的官员来虫制作参观，我问他们："贵国也有动画片吗？"对方回答说："有。"但他们的动画片其实就是纸戏剧。

最近，纸戏剧作为幼儿园教育的重要教材重新受到重视。也是啊，虽说孩子们都被电视吸引过去了，但不管电视怎么普及，播放的也不过是电子纸戏剧而已。

长篇动画《西游记》

久里洋二、真锅博、柳原良平，这三个人乍看毫无交集。

三人都是朝气蓬勃的年轻人，当代一流的插画师。其中一人在大阪为三得利公司做广告，另一个沉迷于描绘未来世界，还有一个把德国产的动画摄影机玩得呱呱叫……就是这样的三个人，不知怎么凑到了一起，创办了三人动画会。我也受邀参加了他们的动画发布会。

因为此前已多次看过业余爱好者用8毫米胶卷拍的片子，第一次集会我实在没什么印象，但是第二次发布会的片子我觉得拍得真不错，确实感受到以往动画里没有的实验意欲和热情。令人惊异的是与会的都是设计师和学生，会场座无虚席。在第三次发表会上我还巧遇了田河水泡，他对我说："嗯，如果做出来的是这样的东西的话，我自己也想做做看了。"我也表示同感。久里洋二笑得意味深长："我可等着你做一部出来呢。"其实，当时我正秘密为东映动画工作。

东映动画的浑大坊部长想把我以前的作品《我的孙悟空》做成动画，问我愿不愿意合作。这是昭和三十三年（1958年）前后的事情，次月我便接受了东映的委托。随后我作为组织成员开始制作动画，工作却怎么也不顺利。我一个劲地挨骂，计划延迟会被骂，不懂协调也会被骂。那位被我偷偷戏称为"大魔头"的科长在全体工作人员面前斥责我："手冢，东映可不是你一个人做电影的地方啊。"

我狼狈不堪，低头欠身想要逃走，不料地板太滑，摔了一个大跟头。当时想，干脆辞去委托工作吧。但在所长和工作人员的努力下，我总算完成了长篇动画《西游记》的剧本统筹任务。

要说我在东映学到了什么，那就是：在动画企业中，比作品或其他任何东西更加重要的是人际关系。没有比动画更要求各部门专业人员协作的工作了，大家必须像齿轮一样咬合。这里不允许特立独行、独领风骚、自视甚高。同时我也深刻地感受到，在动画的制作过程中需要的头脑与技术越多，丧失个性的危险性也就越大。

动画《西游记》的评价不错，于是我又担任了《辛巴达历险记》的剧本统筹。因为是海船的故事，所以找写了《曼波鱼大夫》系列的北杜夫合作。我俩在咖啡店里绞尽脑汁想奇招，想到可以加个配角，让一头小鲸鱼登场。我俩还特别开心，认为小鲸鱼会火，将成为继唐老鸭之后最有名的角色。但是最后小鲸鱼不知道被谁删了，换成了一只猫。很多人一起从事创作极容易相生相克，尤其在动画领域，这种情况特别多。

7

拼死努力的季节

创立虫制作

时机渐渐成熟，我琢磨着，是时候开始放手做动画了。

我咬牙买下了练马区富士见台一带几百坪的土地，盖了简易的工作室兼住家，还入手了一架破旧的摄影机。我在庭院一隅搭了个小棚放置这架摄影机，老有来拜访的人问我："这里是存骨灰盒的地方吗？""这里是放天皇、皇后照片的奉安殿吗？"这都算好的了。甚至还有编辑煞有介事地胡说八道："那间小棚里有个入口哦，里面挖了条地道直通站前银行的地下。手冢他其实负债累累，为了填补亏空才想出这么个馊主意。证据就是手冢每晚频繁外出，回来的时候手上全是泥。"

不过我花钱如流水倒是事实。连 G 周刊都曾写道："治虫才不是步行虫，是'黄金虫'，因为黄金就要散尽而发出悲鸣……"

年轻的伙伴逐渐聚集到了一起。昭和三十六年（1961 年）六月，我终于下定决心，对妻子坚定表明："从今往后，我要开始干一番事业了,无论成功与否,我们家都得过贫困的生活了,请忍耐一下吧。"妻子一副站在剑下的达摩克利斯的表情。说到底,就算事业失败,甚至不做漫画家了,我也不用担心妻子让我当医生开诊所赚钱,因为妻子特别讨厌医生诊室的味道。本来在我之前她见了一个蛮合眼缘的相亲对象,后来听说对方是医生,就放弃了那段姻缘。

手冢动画制作最初只有六个人。如果不发表划时代的作品的话,这块牌子就会倒。于是全体员工一致决定做一部最不花钱、动作尽可能少的长篇动画。毕竟从员工的工资到制作费,所有的开销都是从我的稿费中匀出来的,不得不能省则省。于是我们花了一年时间,制作了四十分钟的实验性宽银幕动画电影《某个街角的故事》。

《某个街角的故事》

《某个街角的故事》是一部诗电影,描绘的全是招贴画、行道树、路灯、小熊玩具等不会动的东西。结果,这部不像样的动画电影获得了艺术祭奖、蓝丝带奖等多项大奖。

不过做实验动画很有趣。知道不会大卖特卖,反而激发了大家的创作激情。四十分钟的故事居然画了五百多个镜头,场景极其细致,最后一个镜头大家甚至想到了从女孩的两腿间倒着看天空的视角。某群演镜头画了五百个将军行军,不知道谁恶作剧,画了个梳高岛田髻[1]的将军在里面。

"这部动画电影就是虫制作的名片。"在《某个街角的故事》发布的时候,我这么介绍道。

虫制作名字的意思是"动画之虫""漫画之虫",这些都是表面上的说辞,其实是因为工作室太狭窄,像劳工棚一样闷热不堪,所以模仿桑拿起了这个名字。[2] 因此,早期当客人有事来工作室,问附近店家虫制作在哪里时,对方总会一脸困惑:"我们乡下可没有桑拿。"

话虽如此,总算成立起来的虫制作作为企业来说还处于刚起步的状态。工作人员如果一直靠我的稿费养活,似乎也会觉得矮别人一截。为了谋得安定的生活,员工们还是希望做能挣钱的工作,但又不想做电视广告。

---

[1] 日本女性的传统发髻之一。将鬓发缩起,梳高发髻,是江户后期未婚女子的流行发型之一,也是见习花魁常梳的发式。
[2] "桑拿"(mushiburo)与"虫制作"(mushipuro)日语读音相近。

"好!那我们来做电视动画吧!将来一定有大把需求。"

员工们一听就怕了:"三十分钟的电视动画,一周做一部,简直不要命了!"

"没事,应该有办法做到的。我们可以减帧,给静止的画面配上台词混过去。"

员工们大摇其头:"那样就不是电视动画,而是纸戏剧了吧?"

"电视动画说穿了就是电子纸戏剧啊,只要能做出有趣的东西就好。忘掉动画电影的固有概念吧,我们来做成本低、收视率高的作品。"

到现在专家们还是认为电视动画"赚不到钱"。人工费高,制作周期又特别长,播出之后大人们还总看不上:"什么啊,就小孩看的漫画嘛。"

有种说法认为动画会有这些缺点全因为沃尔特·迪士尼。人们对迪士尼的评价越来越高,他更感任重道远,于是花更多时间制作,画面画得更复杂,动作做得更真实,甚至投拍的企划都是面向家庭、受众广泛的全家欢电影。这造成了对动画的刻板印象,日本、法国甚至苏联的动画都在走迪士尼的老路,所以有人认为大家因此对动画制作产生了畏惧感,也使得动画发展就此停滞。这种说法倒也没错。说到底,还是因为迪士尼太厉害了。

电视动画《铁臂阿童木》

反对迪士尼做法的人被称作"反迪士尼派"。

我在美国问其他动画人对迪士尼的看法,他们的评价往往不怎么样。迪士尼参与了冬奥会的主持规划,建了迪士尼乐园后还想新建大人玩的主题乐园,更为纽约世界博览会参展的企业出谋划策。其他动画人认为这些都是企业家行为,不是做动画的人该做的事。

但我不这样认为。我认为这些是迪士尼的手段,他要将动画做到极限。迪士尼乐园各种各样的机关装置也好,纽约世博会的可动人偶也罢,迪士尼的做法让动画突破了屏幕的极限,让观看者尽可能地参与到演出中。

哎呀,真是的,我身为迪士尼的忠实粉丝,一讲到他,话就多了起来。不管怎么说,反迪士尼派是存在的,他们与迪士尼诀别,做起了完全不同的动画。比如史蒂芬·博萨斯托[1],他将电视广告的手法运用于动画之中,哦,不,可能正相反。总之,他制作的动画动作很少,但完成度颇高,这种动画被称作

---

[1] 史蒂芬·博萨斯托(Stephen Bosustow),加拿大出生的美国电影制片人,美国联合制作公司(UPA)的创始人之一,制作了近六百部卡通和真人短片。

"有限动画"①。引进日本的《摩登原始人》(*The Flintstones*)和《瑜伽熊》(*Yogi Bear*)系列都可以归为这一类。

这样做电视动画在美国已经成为常识,日本却不知为何没人这么做。也是因为固有的概念妨碍了我们吗?我心里清楚,要是用了这种手法,稍有差池,不要说虫制作了,就连"手冢治虫"这个牌子也会完蛋。无论走到哪儿都不会再有人相信我了。

"这是什么蠢计划啊,一周怎么可能能做出一部动画?!"

通过一个叫万年社的代理公司,我们开始找赞助商。明治制果食品公司有意向,来跟我谈。但后来听说当时他们也是半信半疑,其实并不看好我们。

无论如何,我们先做了个十五分钟的试映影片。明治制果看了这个后,似乎觉得可以放手一搏了。

"手冢先生,大概要花多少钱呢?"

"这个嘛,花不了多少钱的。"我一脸乐天地答道。

我之前的经纪人,现在虫制作的专务董事今井先生不停跟我使眼色,要我千万不能讲得太低。

"三十分钟一集,大概五十五万日元。"我这么一说,明治制果的人目瞪口呆地喊道:"是这样的价格啊!"立刻就一脸

---

① 有限动画(Limited Animation)指为了节省制作时间与经费,通过尽可能地运用重复张或延长停顿张拍摄时间的手段,尽量限制作画张数的动画。作为一种生产标准,有限动画在一秒动画中使用不超过六张动画。

安心。

这个数字,即便是现在,不,就算是当时,也是便宜得不像话。但这背后是有原因的。当时普通的电视电影的制作费用是四五十万日元,如果电视动画的费用比这个高出太多,赞助商不会理睬我们,这是我这么说的原因之一。另外,如果我们这么便宜的制作费一传出去,其他同行肯定会觉得这个价格他们可办不到,就此退出竞争。我打着这样的如意算盘,心里滴着血,抱着亏损的觉悟提出了这预算。遗憾的是,后面我会详述,这是一步错棋,大错特错。

不过,明治制果的宣传部部长当时好像很惊讶。据说他听到五十五万日元这个数字的时候,一直担心有猫腻。不管怎么说,明治制果成了《阿童木》的赞助商。两三周之后,在业内的报纸上出现了一篇骇人听闻的报道:

> 虫制作决意要制作电视动画《铁臂阿童木》,但这家原本就捉襟见肘的公司,光制作第一集就花掉了大量预算,很可能烂尾无法播出,赞助商们愁得不行……

呵,我当时不是气愤而是吓到脸发青,赶紧打电话给明治制果的宣传部和代理公司,一个劲地解释辩白。他们纷纷安慰我道:"手冢啊,这个世界上谁没有敌人啊。今后也免不了有人造谣生事,不要在意那么多比较好哦。"但之后到底还是加了一句:"你们肯定能按时完成吧?"

我气得要命又毫无办法,只得像歇斯底里的女主人一样对公司员工大发雷霆,也没法好好工作,最终得了感冒卧床养病。即便卧床,我还是把员工叫到床边准备亲自指挥。他们却说:"手冢社长您管得太细了,我们这样可赶不上预定进程。现在还是先放手交给我们吧,我们会想办法拟定出制作方针的。"就这样,主创人员也不问我,自己去解决问题了。我呢,躺在床上咳个不停,生气发牢骚,像小孩一样任性胡言,谁走近就骂谁,内心深处其实感激不已。

差不多制作完第五集的时候又开始谣言四起,有绝密消息声称有人计划烧掉虫制作工作室:

TV 动画《铁臂阿童木》© 手冢治虫

之前评价很高的某电视动画无法顺利完工，代理公司血亏，因此雇了暴力团伙打算报复。这个暴力团伙又雇了日本某著名纵火魔，这个纵火魔近期一直都在工作室周边出没。因为员工连日通宵，他还没找到时机下手，但他已计划在年末前出手，要一把火将工作室烧为灰烬。

这谣言听上去可够蠢的，但我还是慌得一蹦三尺高，决定养五只烈犬看门。可这一绝妙的计划遭到了我母亲的反对。母亲养了一只猫，爱宠无限，极怕那五只烈犬把猫儿啃得连骨头都不剩。养不了狗，我的神经衰弱症越来越严重——

这是昭和三十七年（1962年）的事。

疯狂的电视动画热潮

昭和三十八年（1963年）一月一日，《铁臂阿童木》第一集首播。

那时候的感受真是终生难忘，跟胆战心惊地看自己孩子在电视上演出的家长的心情一模一样。片子结束出演职员表的时候，我才有实感："哎呀，第一集就这样结束了。"接下来的一周也转瞬即逝。

员工们拼死通宵奋战，即使不停歇地画，作品还是会被周播的电视怪物吞噬殆尽。两三个月过去了，我们的收视率节节高升、大获好评；与之相反，员工们的脸瘦脱了相。唯一支撑着众人的是"我们是开拓者"的骄傲。好几个人得了神经衰弱，身体敲起了警钟，请假休整。即便如此，大家还是咬牙坚持。《阿童木》的画面里有时会出现照着制作人员绘制的角色，每个都一副精力透支、憔悴阴森的模样。

积累了一定数量的《阿童木》原稿后，我们将其整理分类，再堆在架子上，同一张画可以反复使用多次。我们管这种方法叫"bank system"，采用这个办法是吝啬地想多节约一些经费。当然，如果是把观众们没什么印象的图拿出来再用一下，肯定是没问题的。但如果过于频繁地使用，最后总有一些记性好的孩子有印象，会叽叽歪歪地抱怨，这样一来，就只能报废那幅画了。

bank 就是银行，嗯，画的银行。不是只分类画阿童木、茶水博士、胡子老爹这样的角色图就完事了。画阿童木，要画他愤怒、哭泣、大笑、惊讶的表情，画特写、全身、远景的镜头，甚至要把他的手、脚、嘴巴和眼睛分开画好再分类存档。从雨、风、雪、浪、烟、喷火、岩崩等自然现象，到武器、各种动物、交通工具、晕倒时眼里冒出的金星等，都要记上编号分好类。整理这些的员工每周都会收到我们使用完交过去堆积成山的新画稿，他们简直在哀号着分类。

后来玩具制造商还有纺织业从业者来向我们申请，想将阿童木的形象用在他们的商品上。在此之前，日本漫画的周边产品基本没人管，任何人都可以随便地挪用杂志或者电影里的主角形象制作成商品销售，原作者大多只能忍气吞声。只有迪士尼制作公司在日本开设了正儿八经的公司，对使用小鹿斑比或小飞象形象的产品收取了版权费，利润相当丰厚。于是我决定再次效仿迪士尼的做法。不管怎么说，我们的人工费在上涨，且每集都在亏损，只能依赖版权费。

今井专务设立了名为"阿童木会"的组织，集合了想做阿童木商品的几家公司。大家约定好互相合作、互帮互助，发挥阿童木的价值，打击盗版商品。有这个组织真是太好了。转眼间，我们靠版权获取的收入就达到了一亿数千万。

发现《阿童木》广受好评之后，其他制片公司也开始风风火火地搜寻漫画原作。就跟哥伦布竖鸡蛋一样，有了样例，模仿作品层出不穷。《铁人28号》《8号超人》《狼少年肯》等效仿《阿童木》制作方式的动画一部接一部登上了电视。

"手冢先生，电视动画的热潮终于掀起来了。"记者采访我的时候总用这句话开场。

"这种热潮其实是假象。电视动画赚不了多少钱的。"

"但虫制作不就赚了很多吗？"

"动画本身是亏本的，绝对不是旁观者想象的那种笑到合不拢嘴的盈利状况。"

"这样的热潮会持续到什么时候呢？今后的远景如何？"

"相似的东西会越来越多,早晚会相互残杀,观众们会厌倦,最后一下就完蛋了。这样的前景已经可以预见了。"

"怎么会……这……"

这样的对话至少重复了三四十次吧。

我说《阿童木》的销售是失败的也正因为此。如果《阿童木》没有受到好评就好了。如果《阿童木》没有热门到这种程度,也就不会有人想跟风制作那么多类似的作品。一知道《阿童木》很赚钱,赞助商就一跃而起,不管砸下多少血本都要投资公司做动画。这样动画公司之间你争我夺,做动画的人的报酬也水涨船高,连高中可能都没有毕业的年轻人一个月赚着十几万的薪水,开着自己的跑车到处晃悠——当时的情况就有这么疯狂。

普通杂志、漫画杂志、各类商品、电视剧场上都能看到阿童木的身影,但赞助商认为电视才是赚钱的关键,于是先找漫画家画原作,反过来再将其卖给电视台和杂志。只要在电视上播出就可以保证作品有人气,杂志就会让漫画家按照电视台的剧本画连载。有些漫画仿佛成了电视动画的傀儡,比如《8号超人》《宇宙少年索兰》《行星少年帕皮》《机器人小宝》《冒险伽波天岛》《超级杰特》。待电视动画结束,连载也不得不终止,漫画家就被半路抛弃。

真是疯了,一切都不正常。《阿童木》简直是作茧自缚。

我们制作了两百集的《阿童木》动画,持续播放了四年。

改编自我原作的《阿童木》播了大约一年半,那之后为了能赶上电视播放的进度,制作人员开始自己编剧情。最简单的做法就是让阿童木和敌人战斗。于是后来阿童木总与怪物作战,性格也越来越不可爱,变成了一个忍者般的超人角色,越来越脱离现实。最可怕的是动画的趣味消失了。没有了原作独特的搞笑幽默,为了编剧本省事,只一味宣扬正义和耍帅了。

我只能独自后悔不迭。我已经无法插手否定这样的做法,因为这时候的虫制作已经膨胀到不是我一个人说了算的地步,不停转动的齿轮停不下来,即便我有想法,最终也不一定能够实现。毕竟在这种时候比起保证质量,往往优先按时交稿。

大概从第二年开始,有人批评《阿童木》是烂作品,还有评论家说现在的《阿童木》简直目不忍视。某周刊杂志写道:"这就是手冢漫画的极限了。"我心头一凉。实际上动画结尾的阿童木虽然长着阿童木的脸,但已经不是我原作的那个阿童木了。可因为收视率居高不下,所以没看过什么动画的"教育妈妈"或者走马观花粗略浏览新闻报道的老师们依旧认为《阿童木》是一部有良心的动画,甚至给《阿童木》颁了奖。

每当我听到"《铁臂阿童木》真是好动画啊"这种评论的时候,总会想"真是够了",我承认这是我自己的责任,并为之苦恼不已。

阿童木，飞往美国

昭和三十八年（1963年）年末时，V代理公司的社长某天突然对我说："我准备去美国一趟，想将《铁臂阿童木》介绍给那边的业内人士，可以借我片子吗？"因为V公司曾一手捧红漫画家久里洋二、柳原良平、Toshiko Muto（武藤敏子）以及词作者永六辅，所以我很愉快地应允了。

不过说实话，推销一两集的短篇动画还有可能，整部日本的电视动画卖到美国，对此我不抱希望。虽说之前听说NHK曾卖过一集纪录片给德国，还向南美的某个国家出口过连续剧，但是要向电视界龙头老大的美国卖预算五六十万日元的日本的电视动画，大概只会贻笑大方吧。

结果过了几个月，收到V公司的联系，说三大电视公司之一的NBC的商业部对《阿童木》有兴趣。送去几集样片之后，他们表示愿意跟我们签约，要买下五十二集的版权。当时我简直开心到飞起。业内报纸很快闻风而来报道了此事，消息一下就传开了。大家都问我："到底赚了多少钱？"这种问题根本不重要吧。重点是应该为国产电视连续节目第一次登上国外电视高兴啊！但是所有的报道写的清一色全是："一集多少钱，五十二集入账几十万美元！""《阿童木》大获成功的商业门道！"大众传媒更愿意报道的永远是"营业手腕""收益"，而不是对《阿童木》这部作品的评价，真让人害臊。

能出口《阿童木》靠的是V公司，不是我。V公司的S部长虽不是美籍日裔二代，但是他的英语说得简直比美国人还要好。谈生意的时候，即便美国人说买卖上的隐语行话，对他来说也不是秘密，美国人甚至会露出不高兴的表情，是这位S部长谈下了《阿童木》的版权。

这一年的十月前后来了通知，让我们前往美国签署正式的合同，我和同事们都高兴得仿佛立了大功一般。

出发那天，来了大部队——虫制作的员工和家人们，阿童木会的各方人士都来送行。机场其他乘客与送他们的人都被这阵仗吓到，纷纷凑近想看看来的究竟是何方神圣。与我同行的V公司社长戴着一顶软呢礼帽，他说到国外做正式商务拜访时，必须戴软呢礼帽才合规矩。但是大多数日本人肩膀窄、脖子细，为了装门面戴软呢礼帽，怎么看都不合适。尤其我戴起礼帽的话，比搞笑二人组Conte 55号戴高顶礼帽还要违和，活脱脱一个村委会打杂的。我拒戴软呢礼帽，坚决不脱贝雷帽，下定决心如果无论如何都要叫我戴软呢礼帽的话，我就不去国外了。

V公司社长却说："可以呀，戴贝雷帽才像手冢嘛。"奇怪的是，不管在艺术家群集的格林威治村，还是在洛杉矶周边的动画工作室，我几乎没遇见过戴贝雷帽的画家。美国不流行贝雷帽吗？听说贝雷帽原本是巴斯克地区（法国和西班牙的边境地带）农民戴的帽子，美国也有卖贝雷帽的帽子店，可能是其他职业的人在戴贝雷帽吧。我们刚到纽约的时候，NBC 的高层为了替我们接风洗尘，带我们去了美国无线电公司大楼六十六层的高空宴客厅。那里的侍应生看到我的贝雷帽像看到什么奇怪的东西似的，露出一言难尽的表情。

直到横山隆一脱下他标志性的贝雷帽换上软呢礼帽时，我才开始对软呢礼帽改观。我们一直好奇横山先生在国外旅行用餐的时候到底会不会脱下他的贝雷帽。漫画集团海外旅行到了洛杉矶，我在那里看到不戴贝雷帽的横山先生真是吃了一惊，对突然换上软呢礼帽的他更是敬佩不已。横山先生戴礼帽真的非常时髦摩登，也与其气质相符，就仿佛他五十年来一直戴着礼帽一般。而且他后来开始留络腮胡，白胡子与软呢礼帽居然这么搭！胡子老爹也是一个很好的例子。

我认为最适合日本人戴的还是头巾，有一种农民的特色，也适合日本人天生贼一样的面孔。

*Astro Boy*诞生

纽约的摩天大楼远远望去如同墓碑的集合。从曼哈顿到肯尼迪机场，确实到处都散落着劳工的公寓和墓地。看起来就像是一堆墓穴团团包围着一座巨大的坟，绝不是什么让人舒服的光景，让人感觉仿佛机械文明走到了末路。我们到麦迪逊广场附近的 R 酒店办完入住后，开始到街上散步。这让我战后第一次放下了对美国人的莫名心结。毕竟，街上的行人全都矮矮瘦瘦、畏畏缩缩，看上去过得穷困潦倒。我个子也不高，但这边居然常常能看到我能俯身看他的男性。另外，不少文章也写过，当地其实很多人说不好英语。当我用差劲的英语问旧书店在哪儿的时候，遇到的全是指着嘴巴、打手势告诉我自己不会说英语后跑开的人。在刚战败时被占领军士兵揍过的不愉快心结此时也烟消云散了。

纽约地铁虽然很方便，但太过复杂的线路设置真让人吃不消。去繁华场所还好，若是想去哪个偏僻的小巷，八成会稀里糊涂地找错车站，坐到完全相反的地方去。然后即便问其他乘客，对方不会说英语你也没辙。如果你问的又是个乡下人，那就更麻烦了。他会哇啦哇啦说一些俚语，根本听不懂。

我第二次去纽约时，有次与星新一一起过地下通道，路过的一位绅士突然抓着我们喊道："Suboy，Suboy？"

"他在问什么啊？问食堂吗？"

"是问现在几点吧？"

星新一和我很是纳闷。这位绅士急了，拿出笔记本开始画画。他画了一个长方形箱子，上面还有一些奇怪的格子，实在不伦不类。

"像是个箱子啊……"

"我知道了，是垃圾箱！"

绅士边跺脚边喊着："No！No！"

"啊,这是厕所吧。他是要解决生理需求。"

"等等。总觉得,这画得有些像电车啊。"

"原来如此!你是要问 subway(地铁)吗?"

"是的! Suboy!"

惊慌失措的我随便指了个方向说:"往那边走!"

后来才发现,地铁的入口其实就在眼前。

我觉得那位绅士肯定是个乡下人。纽约市民不可能在中央车站地下通道里找不到地铁入口。两边都是乡巴佬,碰到一起就是这种结果。

NBC 的总经理名叫施密特,是个德裔犹太人,颇为能干,年纪轻轻就身居高位。我们签好约,双方握手,还拍了照片。之后他邀请我去他家做客。他说他家在纽约郊外,时值深秋,红叶相当美丽。

我正想要去美国中产阶级家庭参观呢,于是欣然接受邀请,而且我也吃厌了酒店一成不变的餐食。这里的水就不好喝,而来到美国之后唯一觉得好吃的就是汉堡包和热狗。鱼、肉,还有虾都没什么滋味,在餐馆里,如果不吃光盘子里堆得高高的食物,厨师还会对你怒目而视。这下正好,我可以尝尝家常菜亲切的味道啦。

"好,我叫太太做些手冢老师喜欢吃的菜吧。"

他带我参观了他家,很普通的标准化木构二层建筑。他的

与 NBC 签约

孩子一一出来见客,这是个严格的天主教家庭,孩子们家教很好。

喝了一会儿酒,却迟迟不见他太太从厨房出来,一开始还期待会端出什么样精心的料理,后来就有些焦躁了。最后终于见到她端着大盘子出来,我惊得下巴都要掉了——盘子上堆着如山高的汉堡包——只有汉堡包。

"之前你说来美国觉得最好吃的是汉堡包,所以……"

啊,我期待的家常菜……

不光施密特家如此,我拜访的其他家庭的孩子们也都很有教养,非常周到有礼。典型的中产家庭里,孩子们吃完晚餐就回到自己的房间预习功课,九点准时睡觉。他们只在儿童节目时段看电视，看完就主动关上电视，几乎不看大人的节目。可以将习惯贯彻到这种程度，真让我讶异。后来我在伦敦、罗马拜访时，也见过这样的家庭，这些事情仿佛就是他们的常识一般。养成这些习惯大概因为他们信仰基督教。那在日本，我们孩子的精神支柱到底是什么呢？是父亲的尊严？并不是。是教育机构？也不是。这些不过是威权阶级由上而下的强制管教，再不然就是完全放着不管。现在日本的教育虽然表面上欣欣向荣、百花齐放，其实都是浮草一般无根的教育。这与信仰的问题和占领军政策的后遗症无关，原因出在别处。

先不管这些，美国小孩好像对我产生了兴趣。怎么说他们也是第一次见到东方人，我又可以画出和电视动画一样的图画，他们觉得特别神。尤其这些孩子让我画了很多简笔画，如果我再把这些加工成正式的漫画那样（我和漫画家伙伴经常在舞台上表演这个），他们就会睁圆了眼睛，连声惊叹"Wonderful"，把我当成他们的英雄。等我告辞的时候，他们也跟日本孩子一样，追着我依依不舍地问："下次再来玩啊！一定要来啊。什么时候再来玩呢？"这时候，我就会感受到漫画巨大的影响力，感受到作为漫画家的幸福。

"其实我给孩子们看过《铁布那童木》（施密特这样发音）的样片，问他们：'你们觉得这个系列叫什么名字好呢？'然后我的小儿子立马就说：'Astro Boy（太空男孩）！'就这样起了这个名字。'Astro Boy'是那孩子起的名字呢。"

"那我该付他专利费呀，"我半开玩笑地说道，"但为什么不叫 Atom Boy（原子男孩）呢？"

"atom 是……"施密特似乎有点难以启齿，"是'那个'的隐语。"

"'那个'是什么呢？"

"就是……放气啊。屁。放映公司的人看了这部片子问我动画名，我说是'atom'，对方笑出了声……所以不得已……"

所以，我也是不得已啊。

斯坦利·库布里克的来信

Astro Boy 在纽约等地顺利开播。

最自豪的是在片子的演职人员表上清楚地出现了虫制作、制作组和我的名字。这当然是因为和 NBC 签的是使用合同，他们除了复制播出，不得擅自更改片子内容。如果签买断合同则等于把片子的永久所有权卖给对方，对方拿到手之后是煮了吃还是烤着吃都是他们的自由。说极端一点，即便把制作人员的名字全部写成美国人的名字，把胶卷改编得面目全非也是对方的自由。这之前包括 NHK 在内的日本片在国外全签署的买断合同，我们签下的使用合同听上去倒是更有面子，但在实际收入上，签署使用合同可不像买断合同那样，可以一下拿一大笔钱，而是很考验耐心地需要花上好几年等播放费用一点点入账,因此虫制作并没有一下暴富。当然,这也算是虫制作的一次宣传,我们先要打响知名度。圆谷英二的《哥斯拉》就是日本电影被买断后在美国被改编得支离破碎的例子之一。我参与创作的东映《西游记》也是其中一例。

从根本上讲,美国人是没办法理解《西游记》《我的孙悟空》这样的故事的。美国的公司把这部片子零零碎碎地剪掉了三分之一,最后主角从悟空变成了三藏,而三藏还不知道怎么地被设定成了"魔法王子",如来佛成了他父亲"魔法国王",观音菩萨成了"王后"。这完全是个全新的故事了,说的是一个魔法国度的王子挥别父母如来佛、观音,上路远行的故事。改得一点原作的影子也找不到了。

第二次去美国我又去了NBC,想问问他们是不是该付播放头期款了。结果NBC的人圆睁双目地说道:"已经到付款的时候了?"

"是呀,毕竟你们在电视上播出也有好几个月了……"

施密特像是吃了一惊地说:"日本人都这么性急吗?我可是认为我们两家是要进行十年,不,更长时间的合作的。这么长期的合作,怎么现在就急急忙忙地说要收钱呢?我看还是从长计议,放宽心慢慢来吧。"

我不知道这是不是犹太人独有的生意策略,但我很难为情。这才体会到这笔国际交易与我当初从杂志社领稿费的情况大不相同。不管怎么说,在合同签署的七年时间里,这笔生意是要赚回逾五十万美元的收益的。

在此期间,"Astro Boy"的名字在孩子们间已广泛传播开来,让我十分高兴,也推出了带阿童木形象的桌游与黑胶唱片等周边,还出版了漫画单行本。但这个漫画单行本是美国漫画家画的,画得很差。因为我原作的《阿童木》不好直接给美国当地人读,毕竟里面全是些穿木屐的人物走出榻榻米房间的日式画面。

在纽约平民区抓住淘气男孩问他们:"Do you know *Astro Boy*?"他们总会露出一副"这个问题还需要问吗"的表情,回答道:"Of course!"我真的非常开心。

《综艺演出》(*Variety Show*)的记者来采访我。

"有美国人做你们的技术助手或者咨询顾问吗?"

"没有。"

"但是我不相信在日本可以做出让美国人理解的动画电影。"

"那你最好现在开始相信。我们之后会做更多片子威胁到美国市场哦。"

记者听了直摇头,又问:"我读过你的访谈,说你在战后被美国陆军士兵打过。是真的吗?"

"是真的。"

"现在你还怀恨在心吗?"

"我觉得是没有办法的事。要是情况颠倒过来,日本人说不定也会这样对待美国人。"

我这样回答道。记者露出松了一口气的表情。曾经看过一篇报道,说海军大佐源田实在美国时曾经说过"要是日本有原子弹,说不定也会用上的",这使得美国人对他很有好感。从个人层面上来说,也许有很多美国人还背负着良心的自责吧。

回到日本不久,我收到了一个叫斯坦利·库布里克的人写来的信。当我知道,他就是《奇爱博士》《斯巴达克斯》《光荣之路》这些我喜欢的纽约派电影的导演斯坦利·库布里克的时候,我高兴得跳了起来。

"我是一名在小制作公司拍摄电影的制片人。"信的开头写得异常谦虚,"我看了您制作的 Astro Boy,向 NBC 问了您的住址后寄出了这封信。其实我接下来想拍一部纯粹的科幻电影,计划以 21 世纪的月球为舞台,制作一部有科学根据的、严肃认真的片子。我想与您合作,请您在电影的美术设计方面帮助我们。但首先希望您能回答我两个问题:第一,您会英语吗?第二,您可以离开家人一年时间,来我们伦敦的工作室和我们一起工作生活吗?盼早日收到您的回复。"

这是一封很礼貌的信件。对于我个人来说,这是一次绝无仅有的机会。令人遗憾的是,我还在制作《铁臂阿童木》,实在无法离开虫制作一年时间。

"我对您的邀约非常感兴趣,只是我们这里有二百六十人等着吃饭,我无法离家一年。请您不要见怪。等我下次去纽约,一定去拜访您,届时想欣赏您杀青的新作。"我寄出了这样一封婉拒信。

大概过了两周时间,我收到了回信。"太遗憾了,"回信这样写道,"我不知道您家里有二百六十人。要养活二百六十口人一定很辛苦吧,我只能放弃了。"我大笑不止,库布里克居然把我说的虫制作的员工人数当作了我老婆孩子的人数。就算我是东方人,也不可能有二百六十个老婆孩子呀。

这部《2001:太空漫游》六年后改换为宽银幕立体电影被米高梅公司买下。日本引进后翻译成了《2001:宇宙之旅》,我有幸欣赏了它的路演。

在试映会上,看着画面上出现的火箭和月球基地景观,我无限感慨。

斯坦利·库布里克的来信

终 章

荆棘与泥沼

会面迪士尼

我准备开始开拓下一个领域——彩色电视。昭和四十年（1965年），彩色电视还是一小撮特权阶级才能拥有的奢侈品，当然那时也没有彩色的国产动画片。我决定让《某个街角的故事》的副导演山本暎一来制作《森林大帝》。

我看了做好的《森林大帝》的片子之后很惊讶，真的非常摩登。在非洲，摩天大楼拔地而起，超高速列车风驰电掣，酒店鳞次栉比，摇摆舞的音乐四处飘荡。这可不是我的《森林大帝》。但想想原作画完也过了近二十年了，非洲，不，世界都已经发生了翻天覆地的变化了。

NBC的职员读了剧本后问道："这部片子里会有黑人出场吗？"

"当然，毕竟是非洲的故事嘛。"

"尽量不要有黑人出场。"

"为什么？没有黑人出场就不是非洲了啊。"

"那没办法了。请尽量把黑人画成美男子吧,个子画高一点,比例画成八头身,尤其不要把他们画成厚嘴唇。坏人全设定成白人,把白人画得多丑陋恶毒都没有关系。台词千万不要出现'黑鬼'这样的词。'原住民'也不好……对了,叫'刚果人''尼日利亚人'可以,直接用哪国人来称呼他们吧!"

这真是完全反映了时代风气。《冒险丹吉》的蛮公①那样的角色能够随意出场的时代已经过去了。

昭和三十九年(1964年),纽约举办了世界博览会。我作为 S 报纸的特派员将会场情况画成速写,再及时传真给日本。在世界博览会上,沃尔特·迪士尼接受了四家企业的展馆设计任务,其中为百事可乐公司做的"小小世界"非常厉害,几百个人偶在电的驱动下翩翩起舞。我见证了迪士尼的神技,感到心满意足。真想见一见迪士尼啊。之前我已几次造访过迪士尼公司,但是每次迪士尼先生都不在。谁料我不经意间一瞥,看见很多人聚集在百事可乐馆的旁边,好像有谁在致辞。啊,那张脸——是迪士尼!

那一瞬间,我心跳加速,两腿颤抖。我是迪士尼的粉丝,一直把他当作我一生的偶像来崇拜。现在他就站在我面前,在说话!男男女女、老老少少围着他听他说话。看看他们的眼

---

① 丹吉岛原住民,黑皮肤、厚嘴唇,种族特征明显。

睛！大家都像看至爱亲人一样看着迪士尼，带着亲近与尊敬，听得出了神。他们看着迪士尼动画长大，他们的孩子也一样看迪士尼动画，他们不是什么精英或权威人士，就是亿万普通民众。

迪士尼老了，他的表情却带着满足，仿佛他已经完成自己生涯的使命了。

他的致辞结束了，我横下心，凑上前和他说话："我来自日本，是个动画人，我做过 *Astro Boy*。"

迪士尼看着我的脸说道："*Astro Boy*？我知道，是部好作品。今后孩子们得把目光更多地投向宇宙了。我也想做这类作品……请向贵国的各位问好。"

和迪士尼的对话就只有那么一分多钟的时间。他好像很忙，去做下一个工作了，看上去他正斗志满满，真是老当益壮啊。

与迪士尼的会面，这是第一次，也是最后一次。

迪士尼去世时，日本各家报纸也就写了三四段报道吧，但是在美国以及欧洲各国都以超长篇幅、全版特辑来报道、惋惜他的辞世。

新的开拓梦

"我对儿童漫画已经厌倦了。儿童漫画变化太大，我也已经无法胜任了,我还是画成人漫画比较好。"

马场登留下这样一句话,离开了儿童杂志。之后过了十年,马场的成人漫画已经非常成熟了,但他作品里的纯朴温暖依然保存不变。

我应马场登的邀请加入了漫画集团。其实,这时的漫画集团已经变成了单纯的友谊团体,不再像过去的作家团体那样充满个性。

小岛功的夙愿就是要成立一个超越党派的漫画家团体。渐渐地,赞成这个想法的人们聚集了起来,几次集会之后时机成熟,终于召开了成立预备会。然后又过了一年,借了帝国酒店的大厅召开了成立大会。会员逾二百人集合在一起,对漫画家来说,这可是历史性的一刻。

日本漫画家协会就这样诞生了。每年春天召开全员大会,如今会员已经达到六百人。据统计,日本全国有两千名职业漫画家,所以在小岛的号召下,有三分之一的人集合在了一起。

为纪念明治百年,协会策划了漫画百年展。上百名漫画家在画板上作画然后展出,是一场大规模的盛会。从东京开始,在全国各地举办。召开这种活动必须弄清楚谁是合作者。大家认为所有漫画家聚集在一起,就可以对出版限制提出警告,也能起到号召宣传的作用。目前来看,前途依旧多难。

我再次做实验动画,做的是一部中篇作品《展览会的画》。

《展览会的画》

自《悟空大冒险》之后,我们的电视动画作品没什么特别出彩的。与虫制作的同事讨论后,认为可能是因为在动画上寄予了太多艺术性与作家个性,让孩子们敬而远之了。虽然也有电视动画一下出太多造成审美疲劳的原因,更关键的是虫制作的员工们忽略了孩子的评判,失控了。

虫制作的下一场冒险是策划时长两小时,给大人们看的长篇剧场动画。这套动画特别重视故事性,我们叫它 Animerama[①]。Animerama 的第一部作品是脍炙人口的《一千零一夜》。关于这个部分,我将在《自传第二部》中详述。[②]

不管怎么说,这都和现在热门的动画大相径庭。当时我与

---

① Animerama 成人三部曲包括《一千零一夜》《埃及艳后》《悲伤的贝拉多娜》,Animerama 由动画(animation)、戏剧(drama)、宽银幕立体电影(cinerama)、全景画(panorama)多词混合构成。
② 手冢原计划两年后出版第二本自传,但最终没有完成。

制作组做的工作都是世间首创。那种感觉既惊心动魄，又乱七八糟，就像走在荆棘丛生的泥泞道路上一般。现在的动画爱好者或者动画的从业人员以一种理所当然的心态在看动画或做动画，他们会理解我们在血汗交织中开天辟地的那种艰辛吗？最近动画《宇宙战舰大和号》红极一时，但他们建构动画的方式并没有脱离我们的模式，只不过加了些变化而已。

后记也很难写

我时不时会做令我汗流浃背的噩梦。

这还是几年前我与漫画集团的同伴一起环球旅行时的事。马德里的普拉多美术馆展出了一件毕加索的陶壶，我和马场登站在这个精美的陶瓷作品前面留影。我靠在放壶台子的一侧，想当然地以为马场会从另一侧靠过来，就放任身子的重量倚在台上。但是，马场没有站在另一侧！

倾斜的台子像是就要倒过去一样，毕加索的壶咕噜噜地转了个圈。糟了！我脸色煞白地抱住那个壶。当时我真的冷汗直流、汗毛直竖，简直吓掉半条命。那只壶恐怕价值好几千万日元吧，要是弄碎了的话，何止是赔偿，简直要成为国际问题。"日本漫画家旅行团在普拉多美术馆破坏名作！"这样的新闻报道会登上全世界的报纸，我会被外务省传唤，也别想当什么漫画家了，我的妻儿也会流落街头。

从那天之后，就像疟疾引发的周期性高烧一样，我不断梦到这次意外。

人类的命运真是琢磨不透。如果我老老实实成为一名医生的话，也就不会参加什么漫画集团的旅行，也不用写这样的自传了吧。如今我却要一边写，一边受那些可怕回忆的折磨。

总之，我的文章很差劲。让我写出这样东西的命运也是令人生厌的吧。一开始，我满怀激情地要从侧面写一写战后的漫画史，随着写作的深入越发感受到文字这种东西有多可怕。我唯一的收获大概就是通过查字典认识了一些之前不认识的汉字吧。

为了这本不值一提的书，劳烦到以漫画家为首的各界名士特意为我提供宝贵的资料，我在这里致以深切的歉意。

致歉暂且至此，让我们回到毕加索的壶，哦，不，是普拉多美术馆的话题上。普拉多美术馆里收藏了很多戈雅[①]的画。

戈雅与当时的所有画家一样，是王室御用的宫廷画师。他画的王族的肖像都像人偶一样面无表情，跟行尸走肉没有区别，即使是骑马的画作也没有一丝生气。经人指点，若是靠着墙壁从下方斜着观赏的话，虽然画是歪的，但看上去能鲜活一点。

[①] 弗朗西斯科·戈雅（Francisco Goya），西班牙画家，创作了很多生动表现人物性格的肖像画和控诉战争残酷的作品。代表作有《裸体的玛哈》《着衣的玛哈》《五月三日的行刑》等。

但是这样的画里看不到戈雅自己。

口沫横飞的平民区大妈，巨大画面角落里的小狗，疯狂喧闹的恶魔飨宴，这样的画面里才能看到戈雅。他和画一起，对着观众们笑。

本书的后半部分因页数和其他一些原因，不得不省略了一些东西，这让我有点遗憾。说实话，最近总觉得时间转瞬即逝，所以有一些做过的事情已经不记得了，这也是有所省略的原因之一。

> "时间"的步伐有三种：
> 未来姗姗来迟，
> 现在疾如飞矢，
> 过去静止不动。
>
> ——约翰·克里斯托弗·弗里德里希·冯·席勒

新版后记

在此向为本书提供宝贵建议与资料的诸位表示深深的感谢：

伊藤逸平、冈本真、加太一松、加藤谦一、菅忠道、小岛功、斋藤隆夫、盐田英二郎、须山计一、关根义人、辰巳嘉裕、柘植义春、寺田博雄、长井胜一、中川数、永井保、马场登、藤子不二雄、古泽日出夫、野程繁夫、山口且训、山田秀三、横山隆一（按五十音顺序，省略敬称排列）

本书在昭和四十四年（1969年）由每日新闻社出版发行。此后又经过了十年岁月，新版对许多部分进行了修订补充。这之后发生的事情我计划在《自传第二部》中写出。

昭和五十四年（1979年）二月

手冢治虫

附 录

我的漫画记

编者按：本书特别收录 1964 年 11 月号至 1966 年 11 月号手冢治虫在虫制作的会员刊物《铁臂阿童木俱乐部》上连载的专栏故事"我的漫画记"。手冢以图文漫画的形式讲述了自己创作的心路历程。

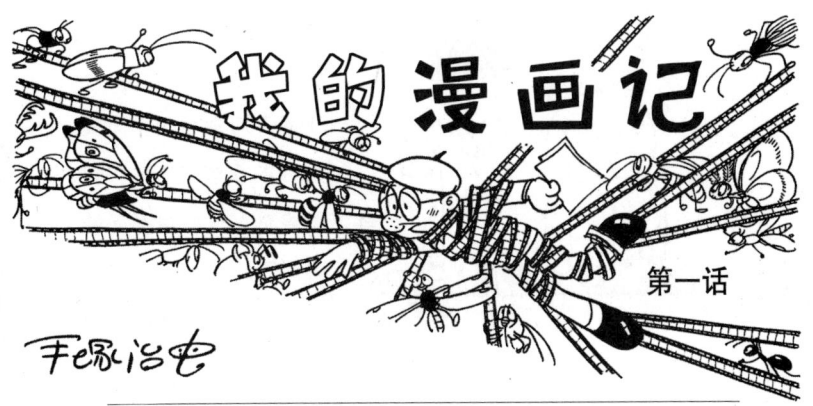

这个月起，我每期有四页篇幅可以来谈些有的没的。话虽如此，要是写些"很多人没有买到奥运会门票要哭了"或者"跳蚤到底有没有鼻毛"这样的内容，恐怕《铁臂阿童木俱乐部》的读者朋友们不会想看，所以还是写些跟漫画有关的事情吧。

那么，我就来解说下我的漫画里的明星人物吧。

在我的漫画当中，年代最久远的明星要属补丁葫芦。

这是我小学六年级与妹妹一起涂鸦的时候，妹妹想出来的形象。

那一阵子，在漫画中画补丁成为一种风尚，到处都是补丁。补丁葫芦的伙伴是补丁猎犬，这个家伙连嘴巴都是补丁的样子。补丁葫芦是一种菇，它的孩子们从它头顶上一个接一个

地长出来。它要是生气会喷出恶臭的气体。补丁葫芦可以食用,尤其寒冷的季节吃下去,很补身体。这些也都是妹妹的解说。

胡子老爹其实一开始也不是我创作出来的形象。

我初中时有个叫今中的朋友,他是鹤屋八幡点心店店主的儿子。他涂鸦出的自己爷爷的漫画头像成了胡子老爹的原型。今中和我一样特别喜欢昆虫,尤其喜欢步行虫(又叫步甲)。

那个时候初中有门"教练课",模仿军队行事,要求孩子们也手持刀枪进行操练。这个教练课有时候会要求学生们武装起来在夜间行军,走一整晚。到了破晓时分,每个人都睡眼惺忪,边打盹边走路,甚至有孩子走着走着一不留神栽进粪桶里。而今中总是偷偷带着用纸包着的热乎乎的鲷鱼烧,

等到天快亮的时候，就跟我分着吃，因为特别好吃，我一下就清醒了。这时候今中的脸看上去就像鲷鱼烧一般美妙，这份友情让我感激不已。

胡子老爹当起侦探是一年以后的事情了。我还给胡子老爹配了个助手，是致敬"悠哉老爹"（1922年麻生丰四格漫画的主人公）的悠哉眼镜。别看现在胡子老爹是出生在神田的老东京了，但那时我还在大阪读书，所以起初胡子老爹的台词透着十分浓郁的大阪味。那时候的胡子老爹还是这样说话的："罪犯还没逮着吗？真是个戆度。"（想看这个漫画的人来我家玩，我拿给你们看。）

还有一个反面角色叫蓝普。他的原型是我小学时一位瘦高个的朋友，名叫木下。

小学三年级时我画的漫画中的一格

木下的后脑勺凹进去一块，估计要在那里竖一根棒都能立起来，当然木下不怎么为此高兴。那个时候出现了一个奇怪的传闻，说木下会在深更半夜的时候偷偷去学校后山的神社，后脑勺上还点着火。

没有哪个孩子真的看见这一幕，所以应该只是流言蜚语。但我在蓝普的后脑勺点蜡烛的灵感就是从这里来的。蓝普受到惊吓或得意扬扬之时，他脑后的蜡烛就会亮起来。此外蓝普是个近视眼，一般出门都会戴眼镜。各位不知道的是，因为我是在战时想到的这样的形象，所以蓝普最初是个美国间谍。

他是个很残忍的间谍，杀人时不分敌我。明明是这样一个可憎的角色，却也能深入人心。我想原因大概在于他的穷酸样，他总穿同一件条纹外套，打同一条领带。我偶尔也让他穿些高级的衣服，但是完全不搭。

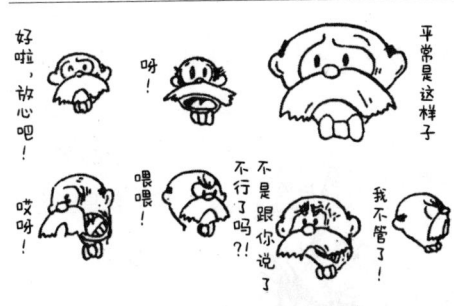

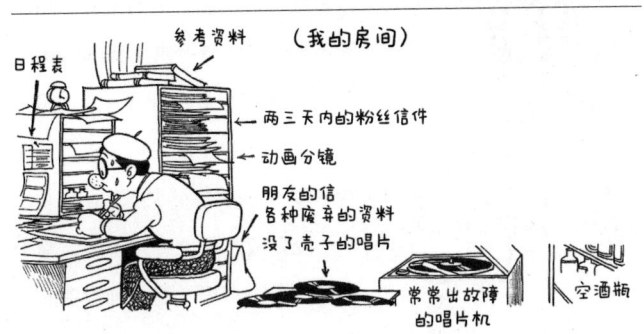

附录 我的漫画记

# 我 的

我的本名叫"手冢治",但我的笔名叫"手冢治虫",多了个"虫"字。

经常有人问我,"治虫"怎么念?

给它注音的话,经常会读成 harumushi、jimushi、jichuu,而写成汉字,又常被错写成"泣虫""治忠""忠治"等等。

其实它的读音应该是"osamu",但很少有人能读对。至于为什么要叫"治虫",有人说是因为我是医生,能治好病人肚子里的蛔虫;还有人说我是牙医,能治虫牙。

其实呀,这个笔名是一个虫子的名字,它叫步行虫(osamushi)。

还有人叫它"垃圾虫",因为它常在垃圾中出没,个头小小、通身漆黑。

说到放屁虫,有人可能会露出厌恶的表情:"啊,是那种很臭的虫

我是漫画家

昆虫卷①

子。"放屁虫也是步行虫的同族。还有一种叫食蜗步甲的虫子，以蜗牛为食，脖子很长，它也是步行虫的一种。

日本的步行虫有六百多种，全世界总共有大约两万种步行虫。

要说为什么要用这么奇怪的虫子的名字作为自己的笔名，可能是因为我的脸长得像步行虫吧。

步行虫的一种

此外，步行虫脖子很长，喜欢在夜间活动，这几点都和我很像。

我小学时就开始采集昆虫，那时候"治虫"这个名字就叫开了，给我起这个外号的是我的朋友石原实。

是石原让我体会到了采集昆虫的乐趣。我们两个人外加五六个伙伴，在学校里秘密成立了一个俱乐部。到傍晚的时候，大家就悄悄地在屋檐下集合，吃着零食聊一些玩笑话。我们的接头暗号是"梅干很酸""打嗝打嗝"。

捕虫方法（1）

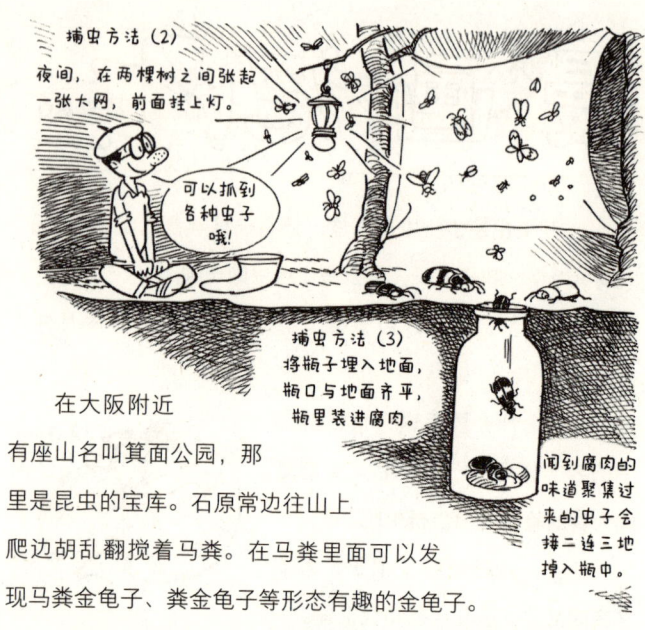

在大阪附近有座山名叫箕面公园，那里是昆虫的宝库。石原常边往山上爬边胡乱翻搅着马粪。在马粪里面可以发现马粪金龟子、粪金龟子等形态有趣的金龟子。

说到金龟子，因为它一般栖息在树上，所以脚上有爪钩。

捕虫办法（4）
用红糖和酒精做蜜涂在树上，然后抓住粘在蜜上的虫子。

但是马粪里面的金龟子要分开马粪或者推动马粪，所以它的脚（倒不如叫"上胳膊"）是扁平形状的，我们称之为"吧吧脚"。因为它们会用这双脚吧嗒吧嗒地敲打马粪。一般金龟子的脚则被我们称为"刺刺足"。

屎壳郎也是"吧吧脚"，屎壳郎用脚把马粪揉成团，做成一个球，用尽全力把它搬回家。它们搬这些马粪球是要做什么呢？原来屎壳郎会在马粪球里产卵，卵又孵出幼虫，这些幼虫又以马粪为食，渐渐长大。幼虫们长大以后它们的母亲就会死掉，如果不知道，还以为是死掉的虫又起死回生突然出现了一样。

所以过去认为屎壳郎是一种有起死回生能力的昆虫，人们又叫它圣甲虫，地位尊崇。

在埃及，圣甲虫被认为是神灵的印记，木乃伊就是受到圣甲虫的启发才被制作出来的。

我的漫画记

我的漫画

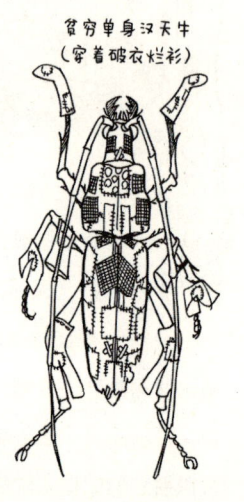

贫穷单身汉天牛
（穿着破衣烂衫）

中学一年级的时候，我彻底成了昆虫迷。

战争期间，我甚至用别人送我的超级珍贵的五个巧克力面包去换了一只蝴蝶。

有次我把采集来的锹形虫装到了毒药瓶里，带回家后用针钉起来放进了标本箱。没想到夜里锹形虫竟然活了过来，在标本箱里爬上爬下，把其他标本弄得一团糟。

锹形虫明明有个大脑袋，腰却细得可怜。

因此只要动作稍微粗鲁

晴转雨转多云转雪象鼻虫
（暗预报天气）

我是漫画家

昆虫卷②

一点，标本的腰部就咔嚓一下折断了，只剩下上半截还跟没事一样挺立着。

它就像外星人一样怪异。要是街上有祭典，太鼓的咚咚声远远地传过来，锹形虫还会应着回声轻轻地跳起舞来。

咚咚锵咚咚锵，呼啦啦呼啦啦，咚咚锵呼啦啦。

我和弟弟打着节拍，嘿嘿嘿地笑了起来。

这只欢闹的锹形虫那时候经常出现在我的漫画和涂鸦中。

我的虫瘾越来越厉害，我想象了一些昆虫把它们画下来，给它们取些乱七八糟的名字，以此为乐。我按照花王香皂广告新月的样子，画了只翅膀像两个背对

根上花王香皂广告拟态蝶

附录 我的漫画记

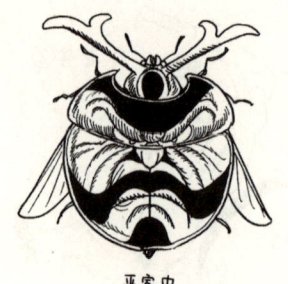

平家虫

背新月的蝴蝶,给它取了个名字,叫"根上花王香皂广告拟态蝶"。

根上其实是我中学时代的朋友,他长得跟花王香皂广告一模一样。

另外,我还取了像"流氓无产者乞丐天牛""完全人脸天牛""五千块不找了瓢虫"这样的名字,光取名都够我乐的。

我还自己做了一本昆虫手册,——记下见到的昆虫或想跟朋友交换的昆虫,每天早晨拿到学校给朋友们看。

比方说我会写:

一、有没有人想要交换拟斑脉蛱蝶(雄性,破损)?

二、○○商场在卖蓝星天牛(产地:中国台湾),我们一

自暴自弃犯人蜂(有七次前科)

我是漫画家

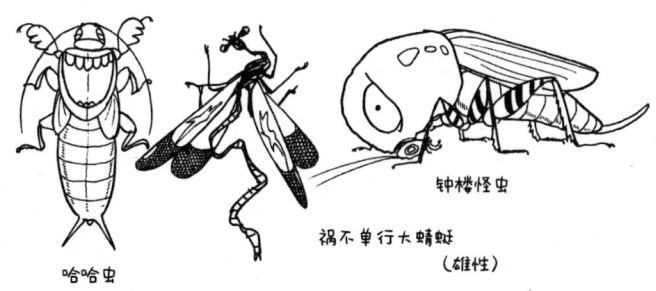

哈哈虫　　祸不单行大蜻蜓　钟楼怪虫
　　　　　　（雌性）

起去看好不好？

三、下个星期天来我家玩吧。

四、最近想做本州产的线灰蝶属目录，请借给我资料。

如此这般。

把这本手册交给朋友们一天以后，他们给我写了回信。

一、用琉璃蛱蝶（雌性）交换可以吗？

二、去吧。

三、谢谢邀请。

四、晓得了。

就像这样。

虽说直接口头回答我也行，但专门花一天在手册上写回信更有意思。

实在不知道写什么的时候，我们就写：

一、其他种种，各式各样，林林总总。

二、有的没的。

这些文字都没有任何意义。

有一次我发现了很罕见的大紫蛱蝶，可劲去追也没追到，最后哇哇大哭。

蝴蝶间也有"蝶道"，它们会一批一批地穿行于同样的地方。

另外，蝴蝶的习性是虽然会暂时飞走，但还会再飞回同一个地方停下来。

所以就算它飞走了，只要耐心等着，它还会再飞回来的。

不过一般到了傍晚，它们飞走了就不回来了。

最惨的一回，我拿着网从早上十点开始，一直在同一个地方站着等到下午五点，结果下雨被淋成了落汤鸡。

站着等的时候肚子饿了，就去偷吃田里的番茄、草莓，被主人臭骂一顿。

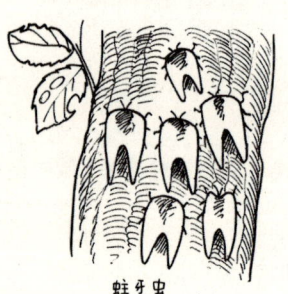
蛀牙虫

有一次，我发现了一个洞穴，钻进去一看，里面竟然有好吃的黄米年糕。我正吃得畅快，一个像山鬼一样的家伙回来了，我立马跳起来逃走了。

人的样貌和性情会受到他从事工作的影响，渐渐发生改变。

说起漫画家，不管是谁都会觉得漫画家应该是滑稽好笑的人。

走在路上，孩子们会指着我说："是漫画家呀，好好玩哦，啊哈哈哈。""走路好正常呢。""怎么不倒立着走呢？"说这些话真的很过分，但确实有些漫画家会做一些滑稽事。

有位叫山根一二三的漫画家，能把双拳都塞进嘴巴里；境田昭造是玩玩具枪的好手；还有一些漫画家总掉到坑里去。六浦光雄是个大胃王，有

一次他与一群人一起吃大餐，门窗关得严严实实，结果一屋子人都一氧化碳中毒。当大家脸色发青、摇摇晃晃地走回家时，六浦却若无其事地说："还剩着好多好菜呢……"还心心念念着吃东西的事。

还有位漫画家有这样的癖好——不管听谁说了什么，都会说："啊，这个我也知道！"

某次朋友们串通起来想整整他，就说："哎呀，那家店可真不错呢。你知道吗，就是开在小巷的那家咖啡店。"结果那人就像等在那儿似的，抢答道："哎呀，那家店是真不错呀。"

朋友冷笑了一声："但是呀，那家店开在那边的时候你不是才刚出生吗？"就差没说

出:"怎么样,这下你该认输了吧?"

没想到,那位漫画家厚着脸皮回答道:"不,我真的知道。那时候我还是个婴儿,坐在娃娃车里经过那家店门口。没错,就是我七个月大的时候。我对那家店印象很深刻!"

这些漫画家都很有意思,比起他们,我常常被人说过于严肃,不知是不是因为我学医。话虽如此,也从来没有人找我看

过病呀。大家都说:"如果让手冢看病,不知道他会对你做出什么事呢。"

有谣传说我曾将一个头疼睡着了的朋友剥了个精光,盯着他的肚脐看了半天。

我的鼻子像土豆一样很大,上面还起了很多小疙瘩,孩子们会一脸好奇地盯着我的鼻子看。要问为什么会这样,没秘诀没机关,不过是因为我构思漫画的时候喜欢抠鼻孔,就把鼻子抠得这么大了。用比较难懂的术语来说的话,这其实是一种叫作"慢性肥厚性鼻炎"的病。

那么,我是不是漫画家里鼻子最大的呢?那倒不是。

古泽日出夫才是大鼻王。所以有人给我们起绰号,叫古泽"清水大鼻",叫我"清水小鼻"。[1]

---

[1] 这里化用清水大政和清水小政的典故。大政与小政同属日本幕末有名的黑道大哥清水次郎长麾下,因两人重名,故按年龄大小排名为"大政"和"小政"。

除了抠鼻子,我还有一项别人学不会的绝活——躺着画漫画。这样的癖好,漫画家中无第二人。

像小说家那样只用铅笔和水笔写字的话很轻松,但是要用到钢笔、墨汁、圆规、画纸、参考资料七种工具,还不能把床单弄脏就很困难了。

因为枕头前面散落地放着很多杂物,所以我一边画一边往后挪,最后就撞到了身后的墙壁上。如果是在床上作画,我甚至会从床后面掉下去。

当我还住在那个四张榻榻米大的小房间的时候,会把头钻到两只桌脚中间。

有时一不小心抬起了头,就会撞到桌子底板,简直要叫救命。墨水瓶翻倒,墨水哗啦啦地洒到我身上,这样的事情真让我恼火啊。

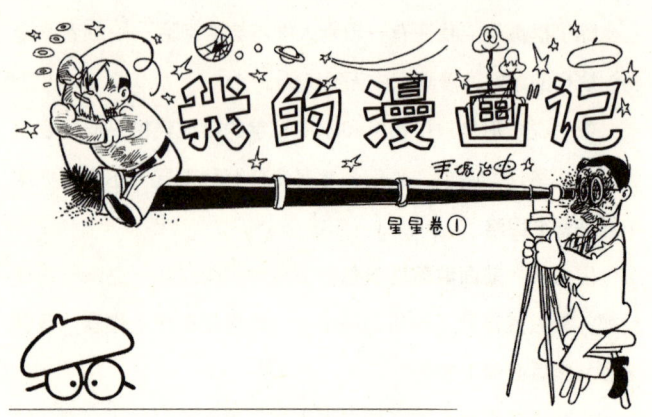

在大阪四桥一带有一家很大的博物馆,叫电气科学馆。在它的六楼架设了一台可以把星空投射到半圆形屋顶上的天象仪。听说这可是亚洲最早的天象仪(德国造),我小时候到了周末就去那里玩。

晚霞出现,音乐响起,星星会一闪一闪地眨着眼睛亮起来。最后视线所及满是星光,真是蔚为壮观。这时你会听到"呼呼""哼哼"的鼾声此起彼伏地响起。因为星空做得太逼真了,所以一不小心就睡着了吧。

待演到黎明，室内亮起来的时候，大约一半的人都在睡觉。

一同来参观的爸爸妈妈也睡着了。

问我是不是也睡着了？怎么可能！我忙着咔哧咔哧吃零食，哪有空睡觉。

从那时起，我就成了铁杆天文迷。看见少年杂志封底登载的广告，就在代理店下单便宜的天体望远镜寄到家里，一心一意观察星星。望远镜宣传语说"可以看到土星环"，但八成是骗人的。

我拿望远镜看土星，看到了很多斑纹。我高兴地跳了起来，大喊八声"万岁"。谁知后来我看其他星星，每个都能看到斑纹。第二天拿来看家门外散步的狗，竟然狗脸上也都是斑纹。更糟糕的是，用这个望远镜看星星，一颗星星都能变身成三颗星星。红的

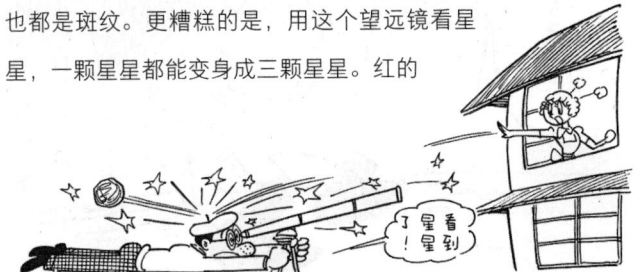

附录 我的漫画记

星星、绿的星星、黄的星星,跟祭典上的三色灯笼一样,实在荒唐可笑。最后,我净用它看对面人家了。

群星之中我最喜欢火星。火星的故事越听越神秘,总能让人浮想联翩。

虽然都说火星上没有人类,但情感上还是希望要是有人就好了。

火星上那些可以观测到的、所谓的"运河"究竟是什么东西?我认为是草原带。这种"草"可能是我们地球人绝对想象不到的地衣类植物?又或者是火星人耕种的田地?可能田里还

我的悲剧
要是我到了月球,戴了氧气罩走到外面,再想挖鼻孔可办不到了呢。

我是漫画家

种着"补丁葫芦"这样的物种吧。

还有人说，围绕着火星转的两颗星体火卫一和火卫二是火星人很早以前发射上天的人造卫星。

的确，与地球的卫星月球相比，它们都非常小，而且火卫一围绕火星旋转的速度非常快。

如果它们真是人造卫星的话，那么即便火星上的文明已经彻底毁灭，连遗迹都没有保存下来，火星的文化应该也还原封不动地留在火星的卫星里。说不定我们还会看到火星人留下这样的记录："地球的空气太浓，而且地球距离太阳太近，这样的环境人类绝对无法居住。"

水手4号探测器离火星越来越近，今年六月将到达距离火星最近的位置。如果它能揭开火星的秘密，好几篇《铁臂阿童木》的故事就只能被当成胡说八道了。

大约十五年前，我在漫画里画过月球背面都市的故事。最近有个高中生不知道在哪里读到了这个故事，来找我抗议："苏联都已经拍到月球背面的照片了，漫画里却还说月球

背面有都市，简直是胡扯。"虽然我辩解称那是十五年前创作的故事了，但也不禁感慨时代的变化实在太快速了。说不定月球的都市存在于没有拍摄进照片的谷底或者地底呢？说不定月球人还用飞碟反过来给地球拍照呢？

说到飞碟，我曾在奈良上空、在飞机上看到过飞碟。居高临下看到飞碟的估计除了我没别人了。飞碟看起来圆圆亮亮的，因为那时候我恰巧肚子饿，所以觉得它既像松饼又像大阪烧。我朋友说，他在悬崖上朝着大海尿尿的时候看到了从海的那边飞来的飞碟。据他形容，飞碟径直从他头上通过，而他正尿到中途，想转身看而不得。说不定飞碟带回的月球都市的照片里还有我这位朋友努力尿尿的镜头呢。

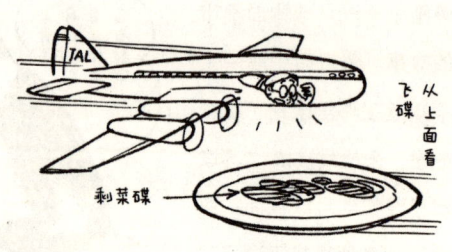

我是漫画家

星星卷②

外星人真的存在吗?

别人要是这样问我,我一定会斩钉截铁地回答:"存在。"

要是对方继续追问:"那你倒是给我找一个来看看啊。"我就会接道:"你看,这里不就有一个吗?你,你就是外星人。从全宇宙的角度来看,你也是外星人中的一类。"

话说回来,为什么学者会认为外星人什么都和地球人一样呢?有学者说因为水星上没有氧气,所以生物无法生存。但如果有不需要氧气也能存活的生物不是更好吗?因为月球上没有空气,所以月球上不可能有人。对持这种观点的人,我真想说一句:在这个浩瀚的宇宙里,未必没有不需要空气也可以存活的生物啊。

还有一点,在漫画、小说、电影里出现的外星人,不知

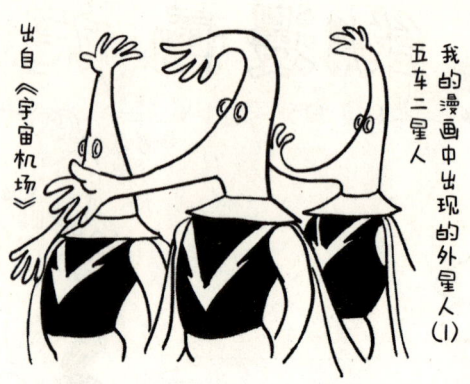

出自《宇宙机场》
我的漫画中出现的外星人(1)
五车二星人

怎的全都和地球人很相似。大体上就是两条胳膊、两条腿，脸则是用狼脸或昆虫的脸等地球上已有动物的脸的元素混合画成的，但我认为外星人的形态可以再匪夷所思一些。即便脑袋是绑着黄瓜的水桶、身体是蛞蝓、腿是日本酒酒瓶也无妨。但是这样的造型有个缺点，就是一点也不唬人。说到底，怪物之所以可怕，是因为无论他们是什么，都有着似是而非的人形。所以独眼小僧、野篦坊①、海坊主这些似人的怪物更吓人。外星人如果与人相似也足以让人毛骨悚然。

在这茫茫宇宙中，到底有着怎样的外星人？

我过去已经画过各种各样的外星怪物，还画过这些怪物在

---

① 外形如普通人类，但脸上无眼鼻口的日本妖怪。

人造卫星上开会的画面。其中有些外星人既没有嘴巴也没有脸，因此根本没办法让他们在会议上发言。怎么看都是补丁葫芦最适合当外星人。

有人批评说："现在的儿童漫画净把外星人画成怪物，真是不像话！"这些人还成立了一个叫"宇宙友好协会"的组织，致力于推行与外星人友善往来。根据这些人的说法，外星人全长得和地球人一模一样，不，甚至比地球人更仪表堂堂，足以媲美希腊神话中的众神。而且其实这些人已经来到了地球，甚至悄悄混进了地

附录 我的漫画记

球人中。

在东京就居住着十来位外星人,在中野附近坐电车的时候,有人就说自己是金星人。据说这个金星人和住在东京的其他外星人一直保持着联系,如若地球发生什么大事情,这些人能够立刻拯救地球。听说美国也有外星人,这个人让专家验血,发现他的血和地球人的血成分截然不同。虽然我不是很相信这样的传闻,但作为漫画的素材是很好的,我打算在下次虫制作制作的动画《三神奇》中推出这样的外星人角色。这样一来,住在日本的外星人应该会喜出望外,说不定会给虫制作捐捐款呢,真令人期待。

我的漫画中出现的外星人(3)

出自《地球防卫军》

但是，在科幻小说中出现的外星人要么会说流利的日语、英语，要么会感应术，能直接与对方心灵交流。大家都用标准语交流，倒是很有趣。

我设想了一位降落在关西的外星人突然用方言说话的场景："侬看看清爽，吾是从天上来的哟。想要来调查地球，可以帮帮我伐。侬吃的啥么事？啥个章鱼丸子，究竟是个啥么事？好孛吾一只伐？个样子啊……呷呷侬哦。"

这样说话的话，估计是征服不了地球的。

早上八点，被机器人掀开被子叫起床，一跃而起，头撞到天花板，和爱猫贴贴脸蹭蹭头，打三十二个喷嚏，套上袜子穿上拖鞋就冲出家门……咻哎①！

这样漫画一样的起床方式可不属于我。漫画家们每天都过着很平常的生活。

我会在八点准时起床，吃早饭前呼吸着晨间的新鲜空气先画一会儿漫画。对我来说，早晨是最适合构思剧情、画画也最

---

① "咻哎"为赤冢不二夫漫画角色的常见口头禅。

顺的时刻，能画出很好的原稿。

接下来在我享受红茶、面包的早餐时，虫制作的伙伴们也陆陆续续来上班了，大家互道早安。而那些看起来恍恍惚惚、神情呆滞的是杂志编辑。前天晚上我没画完稿子，让编辑在家里住下了，想必他们整晚没睡。我经常拖稿，让编辑很伤脑筋，据说杂志社的人都很不愿意做我的责任编辑，我能理解他们。

杂志社的截稿日一般是月中，最迟到二十日。这段时间也是编辑最拼命的时候。我也经常一晚上只睡两三个小时。有时

候编辑半夜会买来饭团和饺子让我吃掉驱赶睡意。吃了之后确实通体舒畅,我呼呼地就睡着了。

每个月的五日到二十日都要忙杂志连载,所以各位读者如果这时跑来我家拜访的话,恐怕是见不到我的。有时会有孩子从很远的地方来我们工作室玩,他们会叫嚷着:"给我签名!""给我看漫画!"很遗憾,我工作太忙了,没办法出来见面。

其实我真的很希望和他们见见面,听听他们对《铁臂阿童木》等漫画的评价。

但大多数孩子只会说:"阿童木很好玩!""我最喜欢阿童木!"有时候这也不是他们的真心话,只是碍于礼貌这样说,我希望听到他

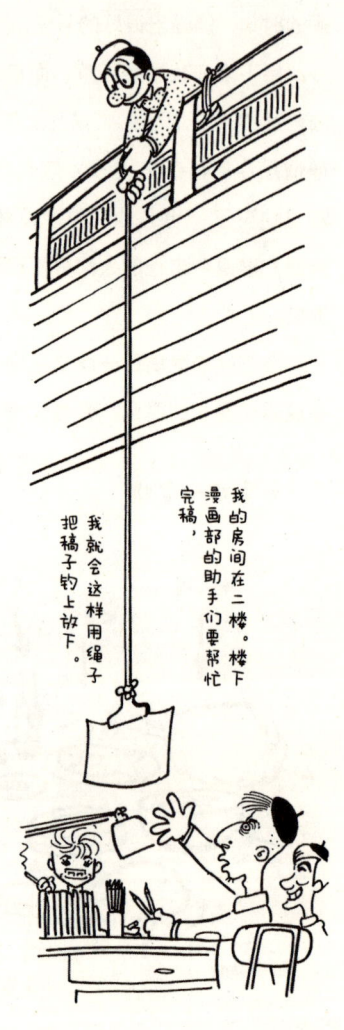

我的房间在二楼。楼下漫画部的助手们要帮忙完稿,我就会这样用绳子把稿子钓上放下。

们真正的心声。

虽说虫制作为儿童创作动画，但我讨厌那些说违心话的孩子。我一天会收到二三十封读者来信，其中大多数写着"请给我画××和××"。如果我给他画了，他就会拿给朋友们炫耀，然后这五六位朋友就会一齐来信："也给我画！"如果不画的话，寄来的信件会变成这样："喂，手冢！不给回信，小命不保！"或者是："我讨厌你，我最讨厌你了！你太偏心了，今后决不看你的书！"看到这样的信让我很难过。

不过我每封来信都会看，也希望尽可能每封都回……

还有很多人来信说希望做我的弟子，或者让我帮着看看他们画的画。据说当中还有一些人来过我家，到门口又掉头走了。

里面有些人画得很好，但大多数人只是模仿我的画，或者

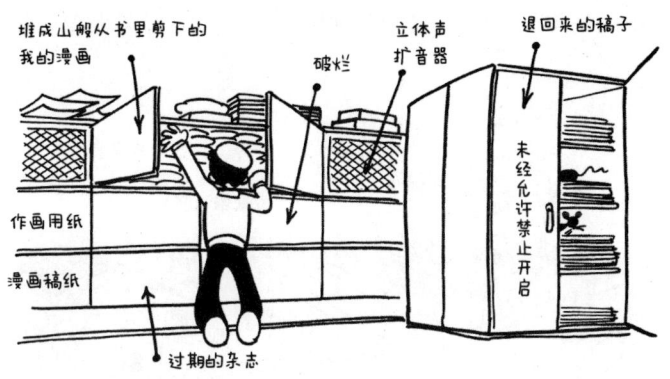

只画了两三页帅气主人公的大脸而已。我对这样的画实在没什么好说的。他们画成这样还对我说:"请你介绍出版社给我。稿费大概有多少?"要是我提出批评,他们就会这样回信:"画漫画太愚蠢了。我还是找找更好的工作吧。"

从早到晚,我除了忙《铁臂阿童木》和《三神奇》的动画工作,还要开公司高层会议,和公司员工开沟通会,试映,招呼公司客户,和出版社讨论画稿。总有人找我,跟我说"虫

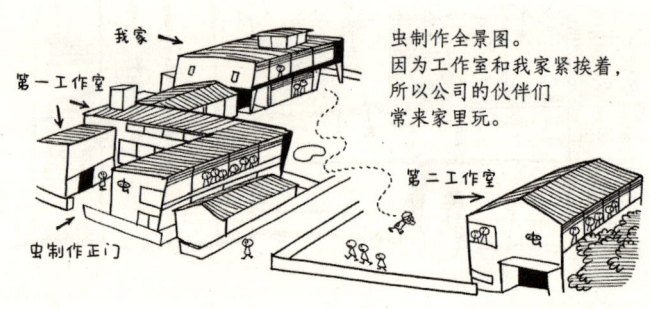

虫制作全景图。
因为工作室和我家紧挨着,所以公司的伙伴们常来家里玩。

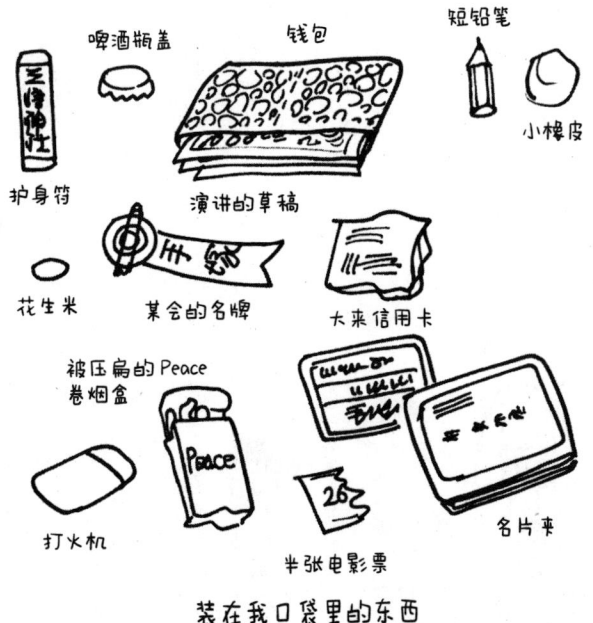

装在我口袋里的东西

制作的谁和谁结婚了，份子钱……""厕所漏水，赶紧想想办法……""要建垃圾焚烧场""坐垫不够了""昨天吃拉面的钱由谁来出？"等等话题。

就这样，在东奔西跑间天色渐晚。我呢，又得开始画杂志社要的稿子了。

画着画着，眼前不时浮现出拉面、垃圾焚烧场、坐垫，效率自然大幅下降。

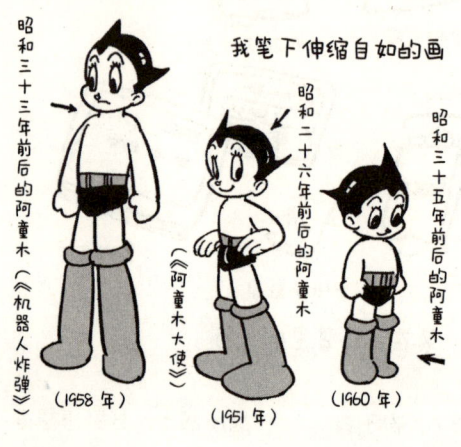

我笔下伸缩自如的画

昭和三十三年前后的阿童木（《机器人炸弹》）（1958年）

昭和二十六年前后的阿童木（《阿童木大使》）（1951年）

昭和三十五年前后的阿童木（1960年）

随着时代的变迁，我的漫画也不断变化着。事实上，我每年都会刻意做一点变化。

我想可能有些看官也已经发现了。我漫画里出现的人物造型总在变化，时而是高个子、好身材，时而是小短腿、矮胖圆，每隔三年就要反复一次。这种变化自有它的道理。

所谓儿童漫画，读者当然是儿童，不管有多少成人读者，不管成人读者怎么表扬都没有用。那些大人们爱读并评为"完美杰作"的漫画在孩子们中往往没什么人气。孩子们才是关

键,有没有人气先不说,首先得让他们想看。

儿童漫画的主要读者是小学四年级到六年级的学生,上初中后他们渐渐就不看漫画了。(虽然肯定有人反驳:什么呀!我初二还爱看漫画呢!)

但人是会长大的(长不大就是机器人了),四年级到六年级的这三年,一转眼就过去了。

假设有一位十分畅销的漫画家,这个人在三年中可以保证自己的作品受孩子们欢迎。在这三年里,这位漫画家与读者一起成长。之后所有读者升入了初中,他们会渐渐远离这位漫画家,会认为他画的东西"太幼稚"。于是,这位漫画家就必须要努力去抓住新的读者——也就是新的三年级和四年级小学生的心。

这时候往事与愿违。新读者的思维、感受与潮流和老读者完全不同。毕竟不管怎么说,都已经过去三年了。无论对潮流还是对漫画的看法都比三年前的读者有了不小的进步。然而漫画家无法一下就被新读者接纳。磨磨蹭蹭不知如何是好的当口,就会被新读者认为已经落伍。这样一来,漫画家要么保持自己先前的风格,继续讨好之前的老读者,但这些读者已经渐渐长大,不再阅读这类漫画了;要么就是因不受欢迎自暴自弃,渐渐掉队。无论哪一种,都会逐渐被新读者遗忘。

十五年前和我一起画漫画的漫画家们,当时他们活跃在第一线,现在却已经被读者遗忘,连名字都记不起来了。

也有像马场登那样,与读者一起成长,转画成人漫画的漫画家。

井上一雄(《球棒君》)、横井福次郎(《普恰梦游奇境》)、

福井英一（《毛栗君》）这几位前辈的漫画，现在的孩子看来一定会觉得有些过时了吧。

就是这么回事。儿童漫画家差不多每隔三年就会遇到巨大的瓶颈。现在势头正劲的一流漫画家们，过了六七年，还不知道会怎样。

我也会经历三年之痛，大家看到可能会被吓到。我唉声叹气、辗转反侧到歇斯底里，甚至神经衰弱。最后下定决心挥别老读者，为了让新读者感到亲近，画风、造型、内容我会全部更新。老读者看我的漫画总会抱怨连连，就是因为这个。但是我没找代笔，画技更没有倒退。我故意这样，以此与新读者从头开始、一起努力。我相信我能画出任何时代的读者都喜欢的漫画。如果各位看到我画中的人物突然变小了，或者故事和画风突然不一样了，那请你们这样想："啊哈，手冢治虫正身处困境呢！"

没有哪部儿童漫画可以一直受读者欢迎。孩子们不断更替，不断进步。如果现在市场上十年前的儿童漫画还和当初一样畅销的话，就得引起重视了。

因为这表示我们的社会没有进步。

—— 动画电影卷① ——

动画电影对我来说非常重要，仅次于生命与家人（排在动画后的是食物，这部分我以后再谈）。从小时候起，我就一门心思想做动画电影，甚至因一味痴想被跳蚤咬了一晚上也浑然不知。我家有9.5毫米的老式放映机，父亲常从百货商店买回家用的动画放映带为我们放映。

那时候连迪士尼的动画电影也是刚起步，市面上很多片子都相当粗糙无聊。

《菲利克斯猫》（*Felix the Cat*）也

我想拍的动画电影（1）

木下顺二作品《夕鹤》

想拍既可以体现日本民俗故事情调，又可以发挥能、狂言特色，绚烂美丽的绘卷故事。

附录　我的漫画记

我想拍的动画电影（2）
70毫米芭蕾电影《天鹅湖》

想拍精美飘逸的芭蕾动画，将原剧本改为贫穷纺织女工与生活不如意的贵族青年无望的悲恋故事，芭蕾舞动作要媲美百老汇歌舞剧《西城故事》①。

是那个时候的动画电影。

日本的动画电影则有村田安司的《章鱼的骨头》《野狗小黑》《团子串助漫游记》《了不起的堀部安兵卫》等等。

每到新年，街上的电影院会举办动画电影大会，放映二十多部外国电影：米老鼠、大力水手、贝蒂娃娃与宾波的电影接连上映，其中三分之一是彩色电影。所以新年到来时，穿着长大衣、坐上电车去百货商场的餐厅吃一顿饭，再去大会看动画电影是我最期待的事。和美国开战以后，这些全中断了。

---

① 改编自莎士比亚著名爱情悲剧《罗密欧与朱丽叶》的美国现代歌舞剧。

我想拍的动画电影（3）
地球编年史

想拍地球从诞生到毁灭，融合了戏剧性和壮观场面的超大作特摄电影。

昭和十六年（1941年），日本联合舰队袭击美国珍珠港，次年公映了日本史上第一部长篇动画电影《桃太郎的海鹫》影射这场战争。电影里，桃太郎率领着狗、猴子、雉鸡去袭击鬼岛要塞。

这部电影重复的动作很多，也没什么笑料，是一部无聊的、拖时间的电影。在鬼岛上还住着大力水手、布鲁托①，分明在反讽美国。整部电影毫无令人感动的情节。

但是因为这部电影获得了巨大成功，所以接着又出现了《阿

---

① 《大力水手》中的动画角色，是大力水手的情敌，身材高大魁梧。

福的潜水艇》《斗球肉弹战》等动画电影。可无论怎么说,这个年代的动画电影让人记忆最深刻的还是政冈宪三创作的《蜘蛛和郁金香》以及濑尾光世的《桃太郎:海之神兵》。

《蜘蛛和郁金香》是日本制作的唯一一部正统的动画电影(还用到了多平面拍摄这种有难度的技术)。《桃太郎:海之神兵》不同于之前的《桃太郎的海鹫》,有许多悠闲美妙的画面,还是一个雅致细腻的爱情故事。

我是空袭那段日子在已经残破不堪的电影院看的这部《桃太郎:海之神兵》,感动到不禁泪流满面。虽然有这么好的电影上映,孩子们却因为被疏散到了各地而无缘一看。街道被烧成平地,人们在街上遇见都不会回头,这样一个各扫门前雪的时代,也难免对这部电影那么冷漠了。

战争结束后大概过了两年,我去东京的芦田动画工作室接受面试。

如果那个时候通过了面试,我就会放弃医学,可能就一直从事动画工作,也许也不会再画漫画了吧。但是我把《新宝岛》的单行本给芦田先生看过后,他却说:"你不适合做动画电影!"没有录取我。无奈之下,我只有打道回府,用借来的破烂摄影机自行模仿拍摄动画电影。

在此期间,国外优秀的动画电影不断被引进国内。我先看了弗莱彻的《格列佛游记》,接下来又看了苏联电影《驼背小马》。《格列佛游记》我看了三十多遍,《驼背小马》看了五十多遍,不过看最多遍的还是《小鹿斑比》,那时我每天从早到晚都待在电影院里,看得如痴如醉。

肚子饿了就啃夹心面包,晚上就找高架桥下的小旅店休息,整晚被虱子叮咬,第二天早上再钻进电影院。

当时一共看了多少遍已经记不清了,加上后来重看的次数的话应该有一百二三十遍吧。

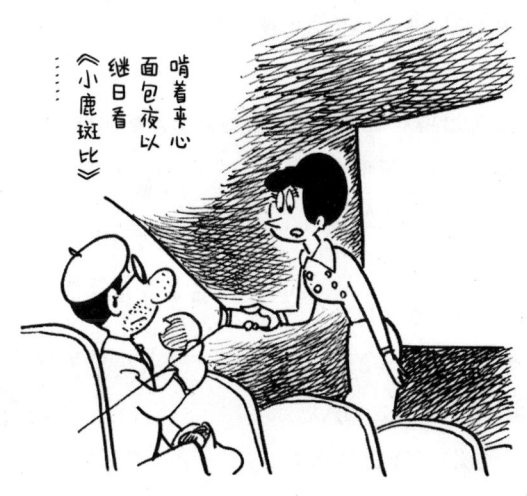

▬ 剧本卷

这个月我们换个话题,来谈谈我是怎么创作漫画的。

我因为之前演过舞台剧,所以很喜欢写剧本。画漫画时不管是出单行本,还是在杂志上连载,作画之前我都会先写好剧本。这样的剧本乍看和电影以及电视的剧本没差别,都写得非常详细。

我会把出场人物想象成舞台剧演员,把出场方式、小动作、台词,甚至打喷嚏或伸懒腰都逐一写下来。比如:

◇镜头(场景)12

在森林的黑色角落里

(小狮子雷欧从左侧入场,思索了一会儿,下定了决心)

纸上文化电影　　科学漫画

营养失衡篇

我们每天早起、吃饭、走路上班或跑步上班、讲话、用劲,还要让体温保持稳定。

大学时代画的社会讽刺漫画

雷欧：科科，我……我要回去人类的世界了。

科科：（跳起）什么？这里可是王子殿下您的故乡啊……

雷欧：但这里也是相互残杀、弱肉强食的世界！（忧愁地望向天空）

——摘自给《漫画少年》写的《森林大帝》剧本

怎么样？完全就是舞台剧剧本吧？

我这样写了二十年。因此我的笔记里满满都是字，比画更多。都说我的漫画跟舞台剧一样，可能就是因为这个吧。

不过，我一旦有了灵感就会不停地作画，能画上几百几千页。之后可就麻烦了，因为书的页数毕竟是有限制的，一般单行本通常是十六开，总页数是十六的倍数——三十二页、六十四页、一百二十八页这样。不管

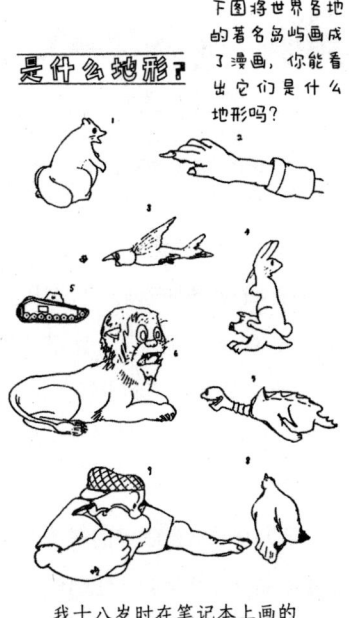

我十八岁时在笔记本上画的趣味问答集《小智囊》的片段

附录 我的漫画记

最初为出单行本绘制的《森林大帝》原稿。后《森林大帝》在《漫画少年》上连载。

昭和二十一年（1946年）左右的作品。我一时技痒画了晕染效果，但因当时的制版技术出不来这样的效果而被拒印。

我画了多少，出版几百页的漫画是不可能的，所以到头来不得不缩短篇幅。

像《大都会》《未来世界》这两部漫画就是我零零碎碎、拼拼凑凑画完的。如果情节突然有了跳跃，那是因为我不小心漏了其中的画格。

另外，我会先决定好出场人物。一般就是用我手边已有的漫画明星。我坐拥五十位明星。像胡子老爹、健一、洛克这种大明星几乎会在所有故事中出场。同时因为配角过多，分配角色也是一件头疼事。配角有哈姆·艾格、蓝普、凸凹、粗脖子布恩、海克·班等。真的找不到合适的角色时，我还会画自己、马场登、古泽日出夫，有时候也会画中学时代的朋友，这些人还一个劲管我要出场费呢。

因为我对自己画好的东西没自信，所以有时候会悄悄把作品拿给父母、妻子看，让他们提意见。如果他们微微皱眉，我就会很沮丧地意识到"啊，这段没意思"，再拿回去重画。这

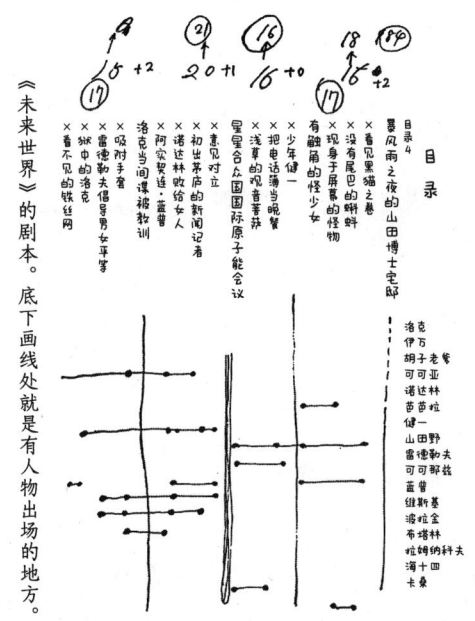

《未来世界》的剧本。底下画线处就是有人物出场的地方。

时编辑可就急了，脸上红一阵白一阵的。

下面这篇《天之岩户》是昭和二十五年（1950年）前后受《少年》委托画的作品，但是当时没被采用（没能登在书上）。后来我把这个故事重新改画，画出了《铁臂阿童木》，所以这部作品相当于《铁臂阿童木》的前身。

未采用的《天之岩户》的一格

《三神奇》卷

☆《三神奇》的成长史

在《三神奇》诞生之前我可是吃了大苦头。有时甚至会一把鼻涕一把眼泪地哭上一晚，那时候不管谁来看我，我都会拉住他哭诉一番。

后来《三神奇》总算顺利完成，也颇受大家好评。下面这些是我到了今天才会说的内幕故事。

虫制作漫友会的会员们，你们应该知道我一开始要做的是《地球防卫军》这部动画吧，为什么中途换成做《三神奇》了呢，这其中是有隐情的。

计划拍成动画的《地球防卫军》原本要忠实改编我在《日

一开始构思的角色普可

因为太像唐老鸭，没被采用。

之丸》杂志上连载的同名漫画。但这个企划案落实之后,我听说东映在做《彩虹行动》,这个故事与《地球防卫军》的故事大同小异(《彩虹行动》就是之后的《彩虹战队罗宾》)。

昭和三十六年(1961年)在《日之丸》上连载的《地球防卫军》。

我们召开紧急会议修改了《地球防卫军》的内容。名字还叫《地球防卫军》,但是内容变成了《007》式的谍战故事,武打镜头做得相当帅气。

当然,动作镜头过多往往缺少幽默感和人情味,于是我们设定了一个很棒的配角——宇宙松鼠波可。

宇宙松鼠波可

波可头上长角,可以靠心灵感应沟通,身体会发光,能飞天,能隐身,总是待在星光一(《地球防卫军》角色)肩膀上,从不跳下去单打独斗。写到这里,各位有没有想起些什么?是的,这设定和《宇宙少年索兰》(简称《索兰》)里的松鼠恰比的设定几乎如出一辙。

当然,在我们做《地球防卫军》的设定时完全没有听说过《索兰》。

于是在我们开始制作《地球防卫军》之后没过几日,我偶

然得知了 TBS 电视台放映的新动画的内容,惊讶得跳了起来。

恰比和波可——就算是偶然——也实在太像了。肯定是有人偷了《地球防卫军》的故事,即使不是偷的,也是听说了这个故事后照抄的。

我们只能含泪再度修改《地球防卫军》的故事。毕竟不管怎么说,两部看上去一样的动画同时在电视上播出,对彼此都不利。

就这样,《地球防卫军》变成了《三神奇》。松鼠波可变成了兔子,还加了鸭子和马,另外又构思出了一位名叫真一的少年。只有星光一与漫画《三神奇》无关,是《地球防卫军》唯一残留的人物,所以在动画里,星光一和其他三只动物的关系显得不那么紧密。

☆换杂志的隐情

去年年底,讲谈社的人来我家,表示希望我在《少年Magazine》上连载《三神奇》,于是从一月起我开始在杂志上连载。

不久,听说《宇宙少年索兰》也会在《少年Magazine》上连载。我就跟杂志社约好,拜托他们保证不登《索兰》,我可不想和偷取别人企划案的作品一同连载。但是到了四月,杂志社的人忽然又说要登《索兰》。我吃了一惊,这跟我们约好的可不一样。于是我说:"如果你们继续刊登《三神奇》,就不要登《索兰》;登《索兰》,我就不连载《三神奇》了。"可那个

《少年Magazine》封面上的《三神奇》

《少年Magazine》里的真一

《少年Sunday》里的真一

真一的脸在《少年Magazine》和《少年Sunday》上稍有不同。

动起来是大家熟悉的轮胎模样,停下伸长后却像蜗牛。

时候杂志社也无可奈何,他们告诉我讲谈社要继续刊登《索兰》,让《三神奇》停刊,因为《索兰》的赞助商森永制果是讲谈社非常重要的客户。

我实在不甘心,痛哭了整晚。讲谈社、森永、TBS都没错,只是在成人世界里,大家对这样毫无道理、不要脸面的事情像是已经习以为常,实在可悲可叹。之后,因为我仍希望在杂志上连载《三神奇》,所以改了故事大纲,拜托《少年Sunday》从头开始重新连载。

这么突然地从《少年Magazine》换到《少年Sunday》上连载,读者们显然不理解,很多读者写信臭骂我。有些读者甚至说对我太失望了,声称以后不会再写信给我。

但是我鼓励自己,为了新读者、新杂志,我必须全力以赴地创作,直到现在我也不敢有丝毫懈怠。

希望各位读者今后也能继续支持《三神奇》。

———— 动画电影卷② ————

在日本，有很多位能做出很棒动画电影的导演。有趣的是，这些导演与我们的年岁差距非常大。

山本早苗、政冈宪三、村田安司、木村白山这些前辈都已经六十多岁了，他们是日本动画电影界的奠基人。熊川正雄和古泽日出夫则稍微年轻一点，再之后动画电影的导演就一下年轻了很多。为什么这中间没有有名的导演了呢？真让我百思不得其解。

右图为日本第一部长篇动画电影《桃太郎的海鹫》中的出场人物。

左图为政冈宪三创作的《蜘蛛和郁金香》中的出场人物。

左图为横山隆一的《阿福的潜水艇》的出场人物,右图为政冈宪三创作的《弃猫小虎》中的主人公。

据某些人的说法,几位前辈导演做动画十分艰难,现在世人皆知做动画电影既耗时耗钱,又不讨好,所以之后就没什么

村田安司创作的皮影戏动画《幽灵船》中的出场人物。

人愿意冒种种风险认真做动画电影了。后来东映的动画工作室开始拍长篇动画电影,年轻的导演们才渐渐能独当一面。

从这个意义上来说,东映动画才是培育日本动画电影成长起来的真正发源地。

说实话,最早东映制作《白蛇传》时,当时的社长大川博可是相当有冲劲。在试映会上大川社长做了一段演讲,他鼻子里呼出来的气息看上去都可以把迪士尼吹跑。

看过试映的我们异口同声地感慨道:"干得好啊!都能做到这种程度了。"

后来一次偶然的机会,牛尾走儿(代表作:《伤感小镇》)邀请我和画成人漫画的久里洋二去看他创作的一部动画广告片,那是一部以孙悟空这样的超级猴子为主人公的、很棒的彩色短篇动画。

牛尾、久里,还有我三个人常坐在店里边喝茶边侃大山边叫嚣:"已经是动画的时代了!"

上图为古泽日出夫等人制作的《天气学校》中的出场人物,下图为在威尼斯影展放映过的《黑樵夫与白樵夫》中的出场人物。

附录 我的漫画记

"真好。我们要好好干！"这么说着，三个人紧紧握手，下定决心要共同努力。

在这之前，画《小阿福》的横山隆一在他镰仓的家中创办了一个叫"御伽制作"的小工作室，创作了多部以青蛙为主人公，温馨的动画电影，《福助》《葫芦麻雀》这些作品想必有人看过。我特别喜欢横山老师最开始制作的短篇动画《背背小怪》，故事的主角是一个与小阿福很像的，喜欢被背在背上的妖怪，他爬到一位老樵夫的背上不肯下来。

被邀请参加这场试映会的时候，我越发深刻地意识到："啊，动画电影真是好啊。"但是这部动画实在太短了，在那之前还放映了横山泰三借来的、冗长的欧洲旅行游记，画面晃来晃去的，看得很累。

在《背背小怪》的庆功会上，我当面向横山隆一老师道贺，他劝我道："手冢啊，你差不多也应该开始做动画

获过艺术祭大奖的《白蛇传》中的出场人物。

了吧?"

"啊,我感觉现在还没到时候呢……"

在此期间,画《冒险丹吉》出名的岛田启三成立了"动画制作",也计划开始做动画。马场登、太田次郎和我都出了钱,一起做发起人。但这家公司一直做广告,还没来得及做别的就倒闭了。

横山隆一老师创作的短篇动画《葫芦麻雀》的主人公。

我心想:"差不多了,是时候开始做动画了。"所有人都在盼着能早点看到画面漂亮、故事有趣的动画电影。我开始为了成立工作室、买摄影设备存钱。我不断地画稿,不断地攒钱。这时候就有人说:"手冢真是个守财奴!""不知道他存那么多钱干什么。"我并不因此有所顾忌,还是不管不顾地拼命赚钱,这时候,意想不到的幸运降临了。

——动画电影卷③——

首部作品大获成功

所谓的飞来好运就是东映动画的人对我说:"我们想把你的漫画《我的孙悟空》拍成动画电影,能不能请你来协助我们?"这真是学习动画电影的绝好机会。我兴奋得跳了起来,连声答应,担任了这部动画的剧本统筹与副导演。

怎样才能做漫画家?

把自己弄得脏兮兮的。漫画家嘛,一般都又脏又臭。

一个月洗一次澡。

但我的老毛病又犯了,每次都得拖到最后一刻才交稿,因此分镜稿的进度也是一拖再拖(拖稿绝不是值得表扬的事)。

东映的人终于火了,朝我怒

吼:"你这样不行啊,再拖下去还拍什么动画啊!"

但这种话我早听漫画杂志的编辑说过太多次了,所以还是不急不慢花了一年的时间才完成了五百页的稿子。

然而在制作会议上,一堆根本没看过漫画的人一直在模糊重点、修改剧情,最终把我的剧本改得面目全非。但动画上映后还是取得了巨大成功,大概可以列入当年东映最受欢迎的电影行列。

从一架破摄影机启程

之后,我与作家北杜夫先生一起写了《辛巴达历险记》的剧本,接下来又写了《汪汪忠臣藏》的原作。但是,这两部作

---

① 此处双关,日本称机械的模仿为"猿真似",比喻像猴子模仿人的动作一样,因不明所以,只会模仿表面。

最最要紧的是要先想好如果靠做漫画家没办法糊口的话，还能做什么，再去做漫画家。

品都被改得乱七八糟，我的感慨与想法丝毫没有得到保留。在大公司里工作，大家的意见难免不同，很难按自己的意思创作，但这次体验使我充分体会到了做动画电影的苦与乐，我终于下定决心要开办自己的制作公司。

于是，我从别人那里买了一架破破烂烂的摄影机，在东京的练马区开始搭建工作室。

摄影机暂时还没法用，我就在院子一隅搭了个对开门的小棚，把摄影机摆在里面。结果就传出了这样的谣言："手冢家还建了纪念列祖列宗的骨灰堂。""不，那是放天皇照片的奉安殿吧。""听说是有幽灵，要请高僧作法封印。"（其实我真请僧人来祈福过。）

最后，我找到了一起制作动画的伙伴们，他们都是很有干劲的优秀人才。最初只有六个人，我们六个常悄悄聚在一起，围着被

要么画得极好，要么画得极差。这是让作品受欢迎的诀窍。

徒步走到出版社。

炉，叽叽咕咕地讨论要做些什么电影。

虫制作的诞生

首先要帮制作公司取名，大家编了五十多个名字："硬汉制作""葫芦制作""稻草人制作""彩虹制作""狂画电映公司""桑拿""穷光蛋制作"等，最终我们决定叫虫制作。虫制作的"虫"是指动画的虫、电影的虫，与我的名字没有关系。①

大家是不是以为就像我在虫制作拍摄动画电影一样，横山光辉、桑田次郎、久松文雄也是自己开公司制作了动画《铁人28号》《8号超人》和《超级杰特》呢？其实并非如此，他们只是把原作卖给动画公司，自己并不参与制作。同样成立了动画电影制作公司、亲身画过原稿的漫画家也就画《小阿福》的横山隆一（御伽制作）、久里洋二（久里洋二实验漫画工房）、牛尾走儿（P制作）、角田次郎（零工作室）这些人而已。

① 日语中"虫"有痴迷于某件事物之意。

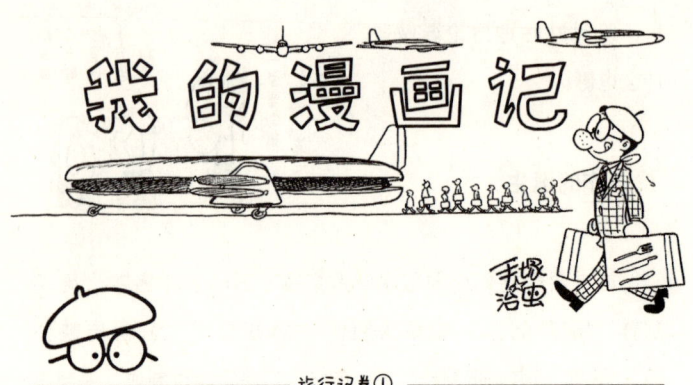

旅行记卷①

我的一大爱好就是去各地旅行，逐一品尝当地特产和代表性美食。

这一点在美国却行不通。因为美国所有的食物都非常难吃，连肉都没味道，夸张点说跟吃靴子一样。而且多半没做熟，一股腥味，肉里全是红血丝，实在难以下咽。

如果我拜托他们"very well done（烤成全熟）"的话，厨子和侍应生会对我怒目而视。他们是在想："连生肉都吃不下，还是不是男人。"要是我还敢剩饭，那就更会被瞪了，毕竟饭没吃完意味着难吃，他们觉得是对厨师的侮辱。

如果你没吃完就想走，在街头小餐馆还会有人手指指着餐盘，用动作比画着告诉你"你还没吃完呢"。实在没办法，对

着堆得很扎实的肉（真的是堆成山高）的盘子，只有一边呕吐，一边硬往嘴里塞。

难道就没有什么特色美食吗？这么想着，我在某餐馆问老板："你们有开辟新大陆时代的美食吗？"对方回答说："有哥伦布登陆美国时大家吃的菜哦。"

"我就点那个了！"我想象的是西部电影中常出现的豆子和肉咕嘟咕嘟炖煮的美味牛仔餐，结果端出来的是既像干山芋又像结痂的木乃伊一样令人犯恶心的东西。

听他们说，这是把囤在船上的干肉的油都拧干后煮食而成的菜，连开拓先民都是硬着头皮吃下去的。

我尝了一口，不是说有多难吃，而是辣，非常辣。因为要

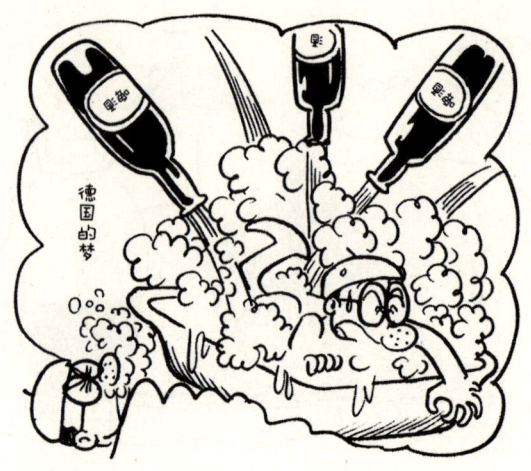

把一种不能吃的东西做成能吃的,所以胡乱加重了调味。吃了这玩意,那天我牛饮了好多水,还拉了肚子……

说到水,好像外国人几乎都不喝白水。尤其在欧洲,吃饭他们都配红茶或咖啡。欧洲有句讽刺我们的话,说喝白水的只有美国人、日本人和青蛙。不知是不是因为酒店知道了我们的习惯,当日本人去酒店餐厅时,餐厅会特意准备白水……但是那水又非常难喝。

美国最好吃的还是热狗和汉堡包。到底是发源地,量又大,又好吃。我曾经跟 NBC 的人说过我喜欢美国的热狗和汉堡包,后来那人邀请我去他家做客,用堆积成山的汉堡包招待我,真让我目瞪口呆。

美国的梦

虾、牡蛎、红点鲑、夏威夷的各式水果味道也不错,都是天然食材,可以放心大胆地吃。

欧洲最好吃的是土豆。德国的油炸土豆无论吃多少都不

法国的梦

会腻(对不住女性朋友的是,这个吃多了会长胖)。还有,欧洲冰激凌的做法是不是和日本的不一样?欧洲冰激凌的口感非常黏稠绵密,而且完全不化。这么好吃的冰激凌可以站在街头吃,或者边走边吃。说到这个,为什么在日本就不能边走边吃呢?在欧洲和美国经常见到仪表堂堂的绅士旁若无人地在大街上边走边狼吞虎咽地吃东西,不会有人侧目。但这种事情要是发生在银座或者心斋桥,肯定收获嘲讽一片。

在中国台湾,要吃到杯盘狼藉、菜渣四散才算礼貌。据说这样代表着"实在太好吃了,已经没有闲工夫去顾及举止了"。对我这样不拘小节的人来说,也就不管在哪儿了,我常把吃剩的骨头和食物残渣摊得到处都是,还会把鼻屎弹在上面,甚至会粘到一同吃饭的人的西服上。对方往往露出一副嫌弃的表情……

―― 旅行记卷② ――

俗话说"十里不同风，百里不同俗"，每次在各国游历，各国的语言、人情、风俗、习惯、服装、建筑千差万别，往往令人手足无措。

比如钱的单位。意大利叫里拉，德国叫马克，荷兰叫盾，法国叫法郎，英国叫英镑。每个国家的货币对日元的汇率也不同，可能是日元的几百倍，也可能是几分之一。因为各不相同，换算起来很是麻烦，我往往把各个国家的钱往钱包中胡乱一塞就出去旅行了。

附录　我的漫画记

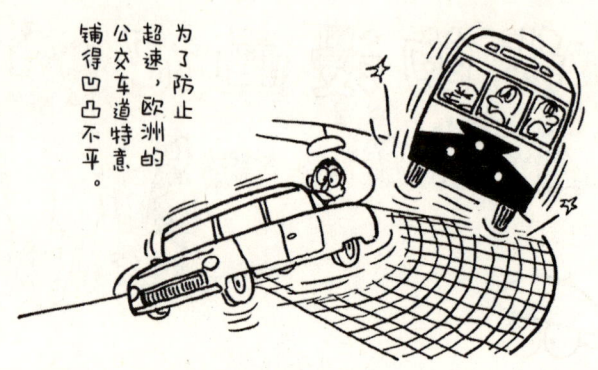

为了防止超速,欧洲的公交车道特意铺得凹凸不平。

所谓小费,就是服务的费用。在欧洲和美国,不管做什么都会被收取小费。

吃饭要给小费,坐出租车要给小费,酒店的侍应生、搬行李的服务生、厕所的看门人为你服务,你都得给他们小费。上厕所时,我们还得一边尿尿,一边从口袋里掏钱包取零钱。

荷兰的房子全是这样朝道路一侧倾斜的。

这样往屋子里吊行李的时候不会撞到下层的窗户。

吃完饭如果不给小费,侍应生就会故意把口袋弄得叮当响,一直盯着我们的脸看。我嫌麻烦,常一把掏出五六个国家的零钱,他会非常灵巧迅捷地拿走自己国家的钱，然后说声"谢谢"。给多些小费的话，对方会更郑重地道谢："很是感谢您。"要是不差钱，再多给一些的话，对方就会说："很是感谢您，这位贵宾。"让你马上摇身一变有了身份。如果小费给少了，像出租车司机这种火暴性子的人保不准就会破口大骂："混蛋守财奴！"

巴黎的街角有专门放映动画的剧院。好羡慕。

大体上来说，意大利人精神，爱吵架；德国人认真，较迟钝；法国人高傲，厌外人；英国人客套，心气高。神奇的是，他们都对日本人十分友好。八成是因为日本旅客舍得花钱吧。

不管到哪里，都有会一两句日语问候语的人招呼你。"哦哈哟（早安）。""空你叽哇（你好）。""沙扬娜拉（再见）。"还有的人能说出"柔道""黑泽明""花道""富士山""喜多川歌麿"[①]等词。

---

① 江户时代浮士绘画家，擅绘美人头像。

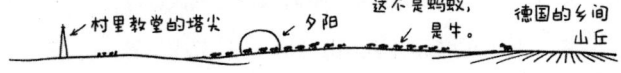

村里教堂的塔尖　夕阳　这不是蚂蚁，是牛。　德国的乡间山丘

在纽约帝国大厦顶楼，风是从下面刮上来的，雨也是从下面飘上来的。
小心有时会下红雨或黑雨。
（因为有垃圾。）

在罗马竞技场门前，有个卖画的意大利人用日语说："全买下才一千日元哟。大叔，不买吗？真是个小气鬼。"八成是哪个游客教他说的吧。

我在欧洲和美国几乎不会被认作日本人，反而常被认作中国人或马来西亚人。在纽约的某酒店甚至被当成黑人。因为我的头发自然卷，很容易蓬乱，看起来像是黑人的爆炸头。

语言不通有时真让人伤透脑筋。有次和星新一走在纽约地下通道的时候，突然被一位美国人抓住，问我们："Are you Japanese（你们是日本人吗）?"我们说"Yes"之后，他就一个劲地问我们："你们知道suboy在哪里吗？"我和星新一面面相觑，完全不明白suboy是什么。这位男士急了，掏出自己的笔记本开始画图。

"是指垃圾箱吗？"

"像是房子啊。啊，不是，是口琴吧？"

"懂了，是电车！"

这位男士激动起来，频频用手指指向地面，喊着："Suboy！Suboy！"

"我知道了！他是说subway！他在找地铁！"

结果我们稀里糊涂地给这位外国人指了厕所的方位。

日本人英语很差，在美国或英国说英语，对方完全听不懂，但是在法国、意大利和德国反而可以沟通。反正听不懂，各自说母语，夹杂着"啊，嗯，哦，噢"之类的词，仿佛听懂了一般乱点头就行。

在纽约的日本人无论如何都想说日语的话，可以去朝鲜饭馆集合。因为中国饭馆太贵，只好选择朝鲜饭馆。店里很多人都像韩国人，对方就以为我也是韩国人，其实大家都是日本人。我用英语跟老板娘说"Take me kimuchi（我要泡菜）"，却听老板娘说道："我在日本待了四十年，你还是说日语吧。"

我的漫画记

旅行记卷③ ☆手塚治虫☆

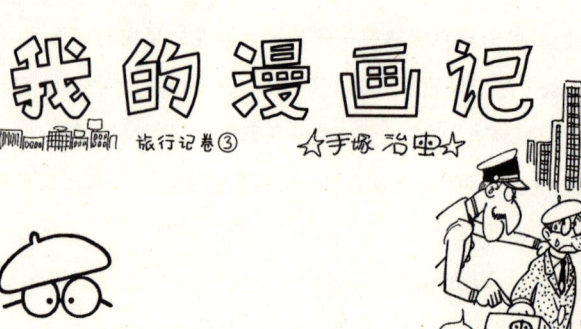

在美国太平洋沿岸的洛杉矶郊外坐落着电影之都好莱坞。

派拉蒙、二十世纪福克斯、环球影业等大型电影公司都位于此,但是他们都不在这里拍电影,因此这里显得有些凄清。迪士尼的摄影棚在好莱坞靠内的地方。这里也有很大的停车场和舞台,可因很久无人使用,现已一派萧条。现在,迪士尼已经完全不在这里做长篇动画了,只在这里做电视用的串场影片和真人电影,长篇动画则外包给欧洲的国家,因为欧洲的制作成本更低。

迪士尼现在已经是一位

我是漫画家

六十六岁的爷爷了。"二战"期间,迪士尼过得相当困窘,公司几乎濒临倒闭。《匹诺曹》《幻想曲》《小飞象》的票房都不好。他只能接拍大批政府宣传电影和军用解说电影,最后连米老鼠都被印上了战斗机。

战争结束后,美国政府为了答谢迪士尼,借了大片土地给他开办迪士尼乐园,还总宣传迪士尼是美国之宝。渐渐地,迪士尼成了社会名流,比起制作电影,他将更多精力花在了当迪士尼乐园的经营者、奥运会的主持人、纽约博览会的顾问上。所以当下虽然迪士尼还是知名电影公司的老板,却离"动画电影之神"越来越远了。

在迪士尼摄影棚附近,有家名叫 UPA 的超小型动画制作公司。说 UPA 大家可能不知道,提起《马古先生》(*Mr. Magoo*),

附录 我的漫画记

大家就有印象了吧。① UPA 是由迪士尼公司前员工史蒂芬·博萨斯托创立的公司。现在电视上热播的有限动画就是这位博萨斯托先生想出来的。有限动画刚在美国诞生的时候，那些已经厌倦迪士尼模式的人高呼万岁，拍手叫好，UPA 因此揽获了好几个奥斯卡奖。

然而这家电影工作室和迪士尼比简直小得可怜。摄影机也只有两三架破破烂烂的老家伙（虽然机器本身很好）。因为没有作画的场所，如果要做什么大项目的话，据说会临时租借几辆小巴士过来，在里面放上桌子，就在那里作画。说起来，我在 UPA 发现了件有趣的事。在影片编辑部，我竟然看到他们在制作美国版的《太平洋奇迹的作战》（三船敏郎主演

---

① 《马古先生》是 UPA 制作的著名系列动画，其中《马古飞去时》(*When Magoo Flew*) 和《马古先生的小车》(*Mister Magoo's Puddle Jumper*) 获得了奥斯卡最佳动画短片奖。

的战争电影),看来美国的动画电影也免不了靠接外包为生啊。

汉纳-巴伯拉制作公司全景

在美国,动画电影界如今的霸主是汉纳-巴伯拉制作公司(Hanna-Barbera Productions)①。我去拜访过,那是个颇为气派的制片公司(与虫制作不相上下,虫制作也很气派!),有两百多位工作人员,社长是威廉·汉纳与约瑟夫·巴伯拉。进入社长室,巴伯拉先生像是喝了酒般满脸通红,气色很好。他突然拿起桌上摆的虫制作日历给我看,叫道:"Astro Boy!"嘿,这已经是前年的日历了,他还留着呢,我颇为惊讶。

"我们公司现在一周大约做五集动画,其中三集是只有五分钟的短片。虫制作公司一周大概能做多少集呢?"

我答道:"三集三十分钟的片子。"

"真的吗?难以置信!一周居然能做三集三十分钟的动画!"

---

① 由威廉·汉纳(William Hanna)和约瑟夫·巴伯拉(Joseph Barbera)一起创立的制片公司。汉纳与巴伯拉曾先后七次获奥斯卡奖。20世纪60年代是公司的鼎盛时期,在全世界拥有超过三亿名观众,推出了《猫和老鼠》《摩登原始人》《瑜伽熊》等经典动画片。

附录 我的漫画记

用汉纳-巴伯拉的明星(瑜伽熊等)做的周边陈列室

比阿童木的周边还多吗?

"真的哟,而且还要做彩色动画。"

巴伯拉先生惊讶地大喊:"咻哎——"双腿一软,瘫坐了下去(这也是真的哟)。

"美国广播电视网不久后会播《森林大帝》哦。"我又说道。

"那很厉害啊!我们美国人拍的动画想在广播电视网播出都不容易,这可是很大的荣誉呢。恭喜你了!"他这么说的时候,原本带醉意的脸变得更红了。

我回去的时候暗下决心:"好!我也要好好努力,不要输给汉纳、巴伯拉他们。"第一要务就是要建立全新的、合理经营的工作室。但是有一点我可不学。大白天喝酒喝到满脸通红可不好。当时巴伯拉先生的鼻子跟我的鼻子一样红通通的,上面还都是凸起的小疙瘩。

在汉纳·巴伯拉工作的日本动画师U·中川先生。

看上去像个流浪武士,性格开朗,才华横溢。

太太是芭蕾舞演员。

我是漫画家

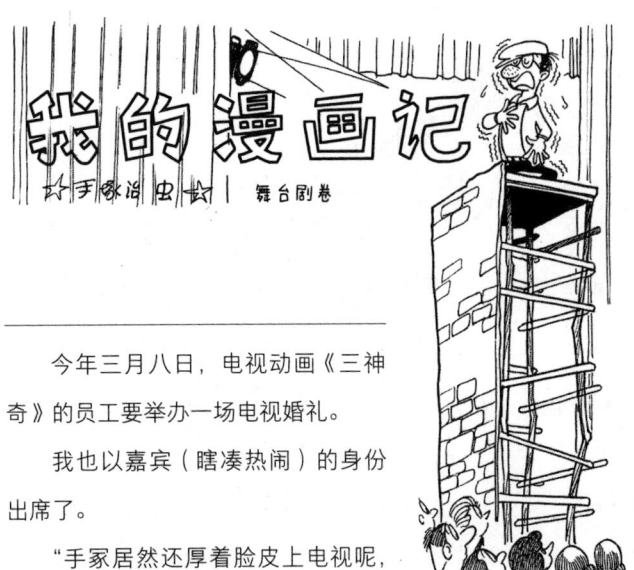

今年三月八日，电视动画《三神奇》的员工要举办一场电视婚礼。

我也以嘉宾（瞎凑热闹）的身份出席了。

"手冢居然还厚着脸皮上电视呢，那家伙以为自己很帅吗？"

如果有人这样说的话，我会回答："是的。"

我希望让大家知道，我本人比漫画里画的我帅多了。而且我对上电视和演戏，还是有那么一点自信的。

我在兵库县的宝冢长大。宝冢这地方是一个有名的歌剧乡，所以我自小便喜欢看剧，在舞台上向别人展示自己帅气的一面，对我来说是件乐事。

小学三年级的时候我就出演过《炸弹三勇士》，获得了满堂彩。当时本应倒地而死的我，眼瞅着幕布一直不落下，干脆自顾自地站起身走向后台,引起台下一片倒彩……

此外我还出演过《丹下左膳》和《弥次喜多》等剧。

在《弥次喜多》这部剧里,有个按摩师要去河对岸,喜多骗他说要背他过河,结果到了河中心又把他扔下。我就扮演这个按摩师。因为被狠狠地扔了下去,我腰疼了三个月,还成功逃掉了这期间的体育课。

从此以后我就成了学艺会的明星。最重要的是,我可以借口参加排练而缺席我讨厌的体育课与晨会。

等我上了大学,又进了名为"学友会"的戏剧社。

我的十大明星角色(1)
哈姆·艾格
狡猾奸诈,满脑子坏点子。
伪装成绅士的狼。小气吝啬,唯利是图,懦弱窝囊。打死不坐牢,宁可付巨额保释金或找人做伪证。

我的十大明星角色(2)
健一
在《新宝岛》中初次登场。长相参考了演员太田博之。看不出是大人还是小孩的少年。现在是《铁臂阿童木》的配角。

这双鞋的灵感来自《木偶奇遇记》中的蟋蟀。

我的十大明星角色(3)
诺达林
在《大都会》中初次登场。人称"什么都要博士"。脾气暴躁、性急愚钝。

我说话声音粗，嗓门大，所以总让我演大叔或乡野村夫。只有一次得一帅气角色眷顾，那是果戈理的剧本，我演一位向地主女儿求婚的俊俏男子。这个角色是男二号，台词也是最多的。我怀着期待与兴奋开始排练，导演却对我说："你注意了！这是一出喜剧，所以你得演出愚笨痴傻、轻浮放浪的样子。而且这是乡土故事，你就按照一贯演村夫的调性来演吧。"

不光如此，开演第一天，当我在后台如痴如醉地欣赏自己的帅气扮相时，导演又来了。他绕着我的眼睛画了个圈，把它涂得大大的。① 等我上了舞台，观众席前排的观众们都叫嚷起来："啊，是榎本健一啊！喜剧王榎本健一出场了！"

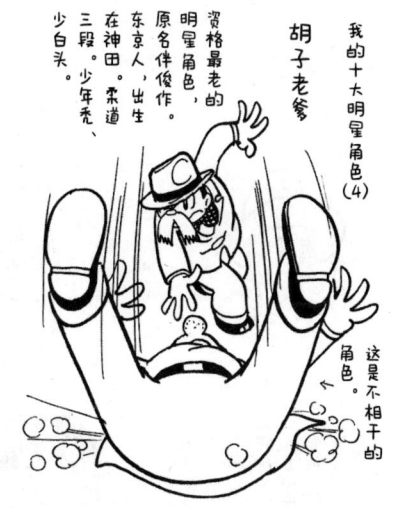

我的十大明星角色(4)

胡子老爹

资格最老的明星角色，原名俊作。出生在神田，柔道三段。少年秃、少白头。

这是不相干的角色。

学校毕业之后，我画漫画的同时还加入了一个叫"关西民众剧场"的剧团。

在那里，我饰演的最大的角色是《罪与罚》中的一位油漆匠。

---

① 眼睛大而圆被视为喜剧明星榎本健一的面貌特征之一。

附录　我的漫画记

这部剧要求舞台上的布置尽可能地立体。我们是油漆匠,被安排爬到最高的地方,往下看观众席的时候真是头晕目眩。而且因为这些道具都是纸糊的,底下一闹腾,上面就晃动得跟发生了地震一样。我喘着粗气,扒住墙壁,汗流浃背地使出浑身解数表演。演出结束后,我问朋友:"怎么样?我拼了老命了,演得如何?"朋友答道:"你站得太高了,被天花板上垂下来的幕布挡得严严实实,我只看到你的脚。"

我的十大明星角色(5) 雷德公爵 鹰钩鼻,长得像犹太人。在《大都会》中初次登场,虽然知名的角色不多,但除了两三部作品外,未能好好使用这个明星色。本想把他画成大鼻子那样的人物,但是失败了。因为我画不好他的正面像。

化妆后的样子 素颜

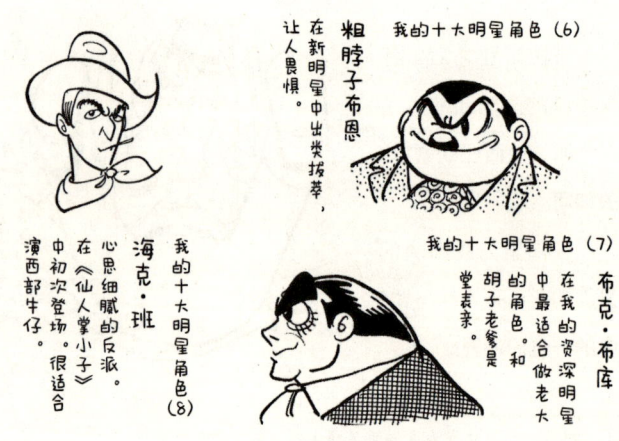

我的十大明星角色(6) 粗脖子布恩 在新明星中出类拔萃,让人畏惧。

我的十大明星角色(7) 布克·布库 在我的资深明星中最适合做老大的角色。和胡子老爹是堂表亲。

我的十大明星角色(8) 海克·班 心思细腻的反派。在《仙人堂小子》中初次登场。很适合演西部牛仔。

我是漫画家

我打造明星系统、在长篇漫画中让我的明星轮番登场，正源于我当初对舞台剧的喜好。

每个角色的姿态举止都有很多与舞台剧相似的地方。从这层意义上来说，尝试过各种角色倒是对现在有很大帮助。我不画平凡的坏人与主角也是这个原因。

电视普及之后，我时常在电视上露脸。

电视摄像机会将靠近镜头的物体拍得很大，稍微往前探一下，身子拍出来都跟妖怪一样。

如果三月八日的节目中我看起来也跟妖怪一样，也请大家把它当作漫画忍一忍吧，毕竟我会和阿童木还有雷欧一同演出。

我的漫画记 初出茅庐 卷①

那时候，美国的吉普在满目疮痍的大街上飞驰，黑市上十日元三个的红薯面包热腾腾地扬着蒸气……

昭和二十一年（1946年）正月，我开始动笔创作首部连载漫画《小马日记》，这部作品被刊登在《少国民新闻》上。

报纸发售当天的情景至今我仍记忆犹新。一月一日一大早，我"呼呼"地吐着白气跑着去报摊买报纸。无论是谁，看到自己的画第一次被印刷出来刊登在报纸杂志上都会感到高兴吧，那时人们甚至会说："我可以不要稿费，请登我的稿子吧！"

当时我大概连载了两三个月，从此下定决心要成为一个漫画家。

说来羞耻，我画了五六页以胡子老爹为主角的成人漫画寄给了《每日新闻》，还附带了一封长信。信中这么写着："虽然和平时代已经到来，但街道依旧荒芜，匪帮横行、人心涣散。如今这样的时期，在《每日新闻》上登载漫画可以缓和读者内心的不安。心怀对和平的企盼寄来这部作品，请您一定刊登录用……"

当然，这份稿子如石沉大海，并没有得到任何回复。

就是这个时候，一个叫江上的人组织了一批业余漫画家，成立了"漫画人俱乐部"。

在漫画人俱乐部的聚会上，请前辈看我的画稿。

我也参加过他们的聚会,看到参与聚会的人脸上都洋溢着对漫画的爱,实在让人非常开心。

俱乐部的顾问酒井七马看了我的漫画后问我:"我编剧你作

画，我们一起出本单行本可好？"

那时候，市面上还没有大部头的漫画书。

"好啊。"我立即应承下来，"既然要画，不如就画成两百页左右的大长篇故事吧。"

就这样，我们合作完成了漫画《新宝岛》。或许因为这种大长篇在当时算是稀罕物，做得又豪华，在书店一上架，立刻大卖特卖，最终卖掉了四十万册。借这阵东风，赤本漫画在大阪风行一时，模仿《新宝岛》的漫画层出不穷。但是我的稿费只有五千日元，后来我才渐渐觉得自己吃了亏，于是向出版社抱怨，这种马后炮，出版社当然不理。

在此期间，我在漫画圈里的朋友不断增多。比如因《屋檐下的三儿》名声大噪的南部正太郎；还有从东京疏散至神户的横井福次郎（代表作《普恰梦游奇境》《冒险泰山》）等。

横井先生真是满怀着对孩子的爱在不断创作。

一说到孩子的话题，他总是笑眯眯的，看上去是真的很开心。

他常常对我说："手冢，孩子可是宝贝啊，我们为孩子画

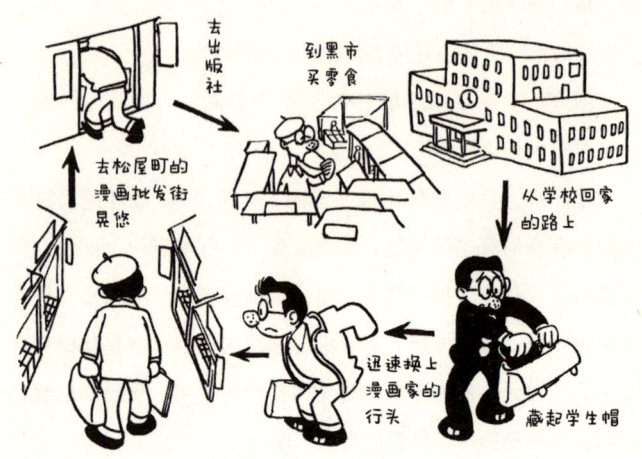

漫画，必须更进一步学习才行啊。"但是，横井先生就在次年突然去世了，据说是因为拼命画稿搞垮了身体。我听到消息着实吃了一惊。

昭和二十二年（1947年）的夏天，我第一次以漫画家的身份前往东京。谁知遭遇空袭之后的东京居然如此残破不堪、暑热难忍，水管不出水，道路还坑坑洼洼的。在这种情形下，我靠着一张地图与记着出版社地址的笔记本在街上四处奔走。我要到各家出版社请他们看我的原稿。到讲谈社时，因出版社太过高大雄伟，我心生怯意，跑到了隔壁的建筑里，结果那里是大冢警察局。

―― 初出茅庐卷② ――

我战战兢兢地往宫殿一样的讲谈社里面走去,恰好撞见正要外出的《少年俱乐部》的编辑。我拦住他请他看我的漫画。这个人停下来,很认真地看了我的画稿后说"估计现在还不适合登这样的漫画",婉拒了我。确实那时候的《少年俱乐部》还只是一本只有六十四页的、薄薄的小册子,封面和内页用同样的纸印刷,登载的漫画也只有横井福次郎的《普恰梦游奇境》。

之后,我从音羽町的讲谈社步行前往新关健之助居住的赤羽町,事后看地图才知道这两地之间有七公里远。不管怎么说,我上午从讲谈社出门,滴水未沾地走到目的地时已经下午三点了。谁知这一带在空袭中被彻底烧毁,不知道新关健之助搬去了哪里。我又到处打听一番才得知他现在住在上野的樱木

---

① 化用自日本舞蹈阿波舞的口号"跳的傻,看的傻,反正都是傻,不跳更是傻"。

町。于是我又步行前往樱木町。毕竟走了这么多路,到上野时,我已经像醉汉般步履蹒跚了。

到新关先生家已经晚上六点了。我把原稿拿出来交给他,请他点评。"你没有好好打底稿啊。"没承想,他一下把我否决了。我本来因为画了《新宝岛》等两三本漫画已经有些自以为是了,此次大为受挫。于是,我在神田的废墟上无精打采、走走停停地逛起了书店,无意间在小巷子里瞧见一家叫"新生阁"的出版社。我进去问有没有连载机会。一位敦敦实实、看上去面善的胖大叔对我说:"其实我们最近计划出漫画杂志,如果你愿意就来画吧。"

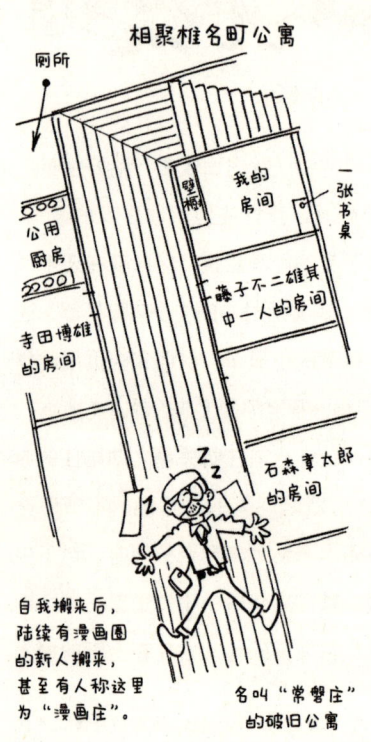

我是漫画家

这人就是现在在集英社担任要职的铃木省三先生。当时店里还坐着一位面若好女的清瘦青年，似乎也是带原稿给出版社看的。那青年就是漫画家入江茂。

在神田，我喝了很多冰镇饮料，荷包瘪下去不少，于是我打算把原稿卖给出版社。在借宿的地方画了胡子老爹的漫画，拿着这部漫画在神田到处兜售，最后终于找到了窝在简易棚办公的同盟出版社。我走进去请他们看我的漫画，生生等了两个小时之后，他们才说若一张原稿只要一百日元，他们就愿意买下。一张原稿一百日元！实在太便宜了，我一时不知所措。"最起码一张五百日元吧。"我说道。

"五百日元也行吧……"

于是我怀揣七千日元离开。

第二次来东京的时候，鹤书房的专务董事把我带去了一个看上去脏兮兮的集会点。

原来那里以岛田启三为首集合了二十多名漫画家在开会。岛田启三站起身宣布："东京儿

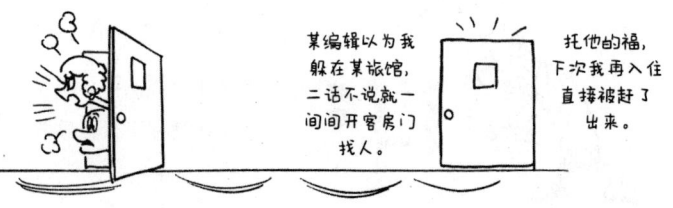

童漫画会就此成立了!"我听了高兴得鼓起掌来。大会在热热闹闹的氛围中结束了,我想着"看这个势头,漫画会将来一定发展得很好"。

结果未能如愿,比起画画,成员们更爱打架和酗酒。有次我们在丰岛园表演漫画剧,某演员喝了酒登台,连坐在前排的孩子都看出来了,嚷嚷着:"哇!醉鬼!醉鬼!"后来他还扑通一声掉入了舞台与观众席之间的池子里。这位漫画家名叫三木益生。把他拽上来之后,为了让他换衣服,大家把他团团围住,让外面的人看不到里面。但是又不知是哪个醉鬼把这个圆形的人墙撞了个口子,赤身裸体的三木益生就这样暴露在了众目睽睽之下。

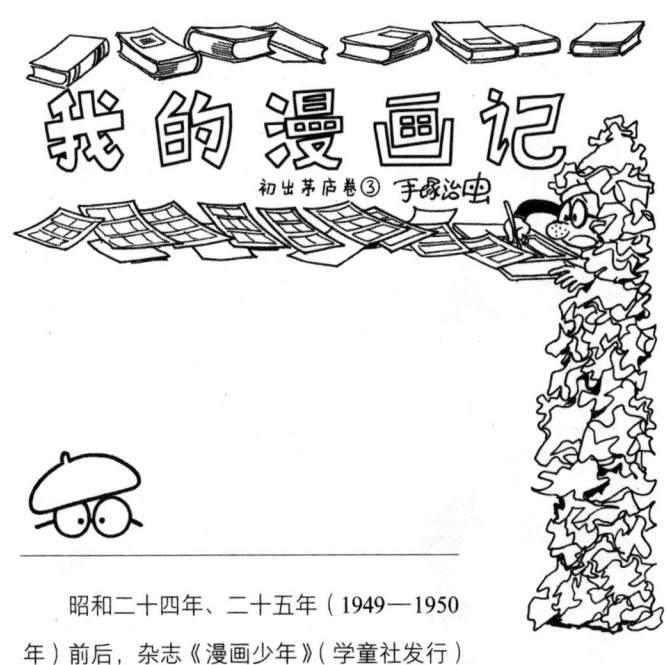

昭和二十四年、二十五年（1949—1950年）前后，杂志《漫画少年》（学童社发行）在喜欢漫画的少年中广受欢迎。

社长就是《少年俱乐部》（讲谈社发行）的前任主编加藤谦一。

这是一部很了不起的杂志，会聚了以岛田启三为首的多位《少年俱乐部》时代的一流作家、画家、漫画家，如仓金章介、井上一雄、原一司、石田英助、下村湖人、山川惣治、斋藤五百枝、桦岛胜一等。

我受大阪的出版社委托，于昭和二十五年（1950年）夏天去拜访石田英助，为了问地址，我去了学童社。结果加藤先生走出来对我说道："呀，是你啊？我曾收到读者来信，说大阪有个叫手冢治虫的漫画家，希望我们刊登他的漫画。我正愁找不到你呢。怎么样？要不要在我们这里连载？"

我很开心，就和他讲好将原本打算出单行本、拼命积攒了很多原稿的《森林大帝》修改后拿来连载。连载从昭和二十五年的十月开始。从大阪把第一份画稿寄去的时候，加藤先生给了我宝贵的反馈意见。我还记得开头部分夸我的一句话："哈姆·艾格的台词'哼，这就来了吗？看来你马上就能兑现你的承诺了'是过去的漫画不曾有过的绝妙台词呢。"

之后，加藤先生也常寄给我长达一二十页的反馈意见。读着他的意见，越发感受到加藤先生高尚的人格，我衷心地敬佩他。

《森林大帝》每个月连载十六页，过去还没有哪个漫画以这么大的篇幅连载过。

到了昭和二十七年（1952年），学童社推出了《森林大帝》的第一本单行本。加藤先生还在电车上打了车内广告，宣称"这本漫画将掀起漫画界的革命"。单行本出版时，诗人佐藤八郎还对我说："这部像业余爱好者拼命画就的作品中闪现着一种美，我读了很开心。"

然而，我与生俱来的懒惰渐渐显形，画稿迟交一天、两天……最后杂志不得不屡次延期出版。

即便这样，加藤先生也没有生气，我每次去东京都是他招待我。我真是既抱歉又羞愧，甚至好几次想剃光头谢罪。

最终学童社搬到了

昭和三十二、三十三年（1957—1958年）
时出演神乐

大楼的某单间，屋内卖不出去的书堆积成山。

别的杂志噱头很多，又是加大开本又是附赠赠品，《漫画少年》渐渐卖不动了。

但是《漫画少年》培养起来的年轻漫画家们陆陆续续地聚集到了东京。寺田博雄、永田竹丸、山根赤鬼、山根青鬼、藤子不二雄、角田次郎、石森章太郎、伊藤章夫、石川球太、横山光辉、松本零士、大野丰、谷川一彦……

现在活跃在第一线的漫画家们当时几乎都给《漫画少年》投过稿，是《漫画少年》孕育了现在的漫画热潮。加藤谦一就像是培养了儿童漫画家的母亲一般的存在。

与此同时，东京儿童漫画会集合了这些年轻漫画家，成长为有五六十位成员的大家庭。他们与漫画集团（成人漫画家集团）相抗衡，每年举办盛大的年会。

有一次，入江茂、荻原贤次、寺田博雄三人还戴着高岛田

髻的假发套跳起了舞。我穿上舞狮子的道具服,跟着马场登的伴奏跳狮子舞,赢得了观众的掌声喝彩。像这种聚会最后往往以大家喝多了酒互相扭打在一起收场。福井英一块头大,我经常败给他。

一个下雪天,我被福井打了,马场登出来做和事佬。福井当时喝得烂醉如泥。

过了两日,福井因为酗酒以及过劳,去世了。

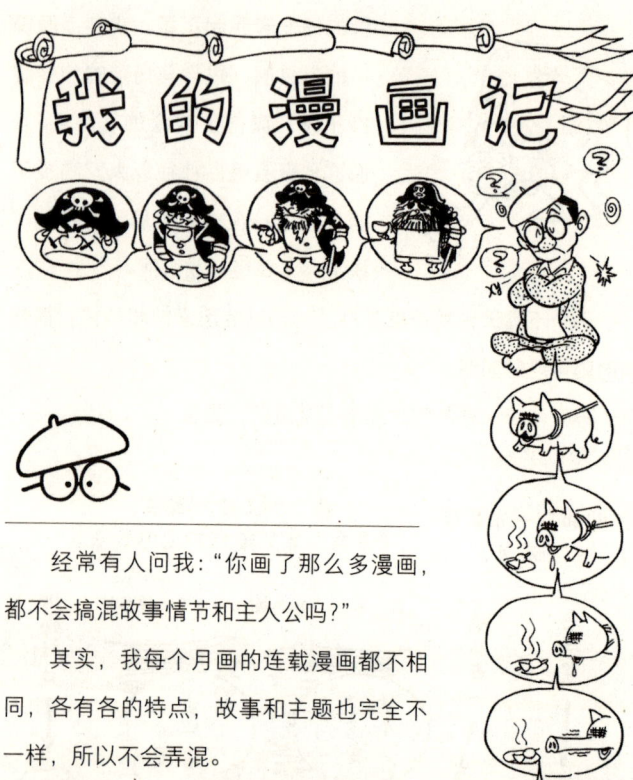

点子卷

经常有人问我："你画了那么多漫画，都不会搞混故事情节和主人公吗？"

其实，我每个月画的连载漫画都不相同，各有各的特点，故事和主题也完全不一样，所以不会弄混。

我会画各种类型的漫画：科幻漫画、古装漫画、少女漫画、侦探漫画等等。

但是，毕竟是一个人想，一个人画，所以有时候主人公的脸以及故事的情节会趋于相似。

我在画每一部新漫画之前都会想：这次的故事要怎样才能和别的故事不雷同？我会这样边想边确定主题。

所谓主题，就是这个故事要表达什么。

就拿这次在《少年Sunday》周刊上我新连载的《狼人传说》来举例吧。

昭和二十六年（1951年）开始画《阿童木大使》的时候曾想过把阿童木的形象画成这样。左图是现在的铁臂阿童木。

只要是人，不管是谁总有不能任意胡来，无法随心所欲之时，这是因为人类受规则和道德的束缚。如果可以不被这些束缚，想做什么就做什么那该多美，也许这才是我们活着的意义？还是说只有循规蹈矩、认真生活的人才是幸福的呢？到底什么样的生活比较好？我打算在这次的漫画中探索一下。

像这样确定好主题之后再决定情节。首先要写情节的大纲，关键是你写的情节能不能很好地表达你想表现的主题？

于是——

动物似乎不受规则和道德的束缚。

在决定《狼人传说》主角特平的形貌时,我一直纠结画成怎样的才好,在纸上画了很多种样子,这只是其中的一部分。上面是少年特平,下面是变成狼的特平。最终选定的脸是下一页的样子。

想做什么的时候变身为动物不就可以为所欲为了吗?

比如说狼人?不错呀!以狼人为主角的话——

就这样,狼人成了主角。

接下来就是主角的形象(身形与容貌)了。

我涂涂抹抹画了很多野狼与少年的脸,再拿给许多人看,问他们的意见。

当然别人的意见只是作参考,最后还是要定自己最容易画、最喜欢的脸为主角的脸。而且不能只有正脸,还得能画出侧脸和各个角度的脸。为了讨读者欢心,主角还必须是帅气的美男子。因为如果把主角画得跟火男[①]一样,那就变成滑稽漫画了。但不管怎么说,毕竟还是我画的漫画,所以总归会和阿童木、真一或波可相似。

备齐主题、情节和形象这三大要素之后,就要考虑故事的

---

① 日本传统丑角面具。一般是八字眉、眼睛一大一小、尖嘴歪在一边的形象,多用于民间神乐、狮子舞和风流舞等表演。

左图是《狼人传说》中人形特平的脸。
右图是变成狼时的脸。

细节了。

主题并不一定都是正义胜利，邪恶落败。如果只是这样的话，那故事也太天真了。

话虽如此，如果编成邪恶获胜的话，读完又会让人不适。于是在我的作品里坏蛋也会死，好人也会死，最终可能主角全部死光。

我常借鉴伊索寓言里的主题，因为伊索寓言包含了各式各样的人生哲理。

等寓言的主题用得差不多了后，我还会借用谚语或歌牌的主题。

比如"舍华求实""破锅配破盖""时间就是金钱""爱汝之敌"等等。

但是，如果在故事中不断强调这些主题，也可能会引人反感，同时也不耐读。

主题点到为止即可。

在上月刊中写到了如何定主题和主角,接下来终于要开始实际操作了。上次是用《狼人传说》举的例子,但是《狼人传说》正在连载,说得太多剧透了就没意思了,可事已至此也没办法了,接下来我要写的情节发展,请你们对其他人保密哦。

同样是长篇漫画,连载或不连载的创作方式天差地别。

如果不连载,那只需要专注推进故事发展就好;但如果连载,长篇故事会被切成一段一段刊登,不仅要保证故事整体有趣,同时必须确保每一回的故事也有相当的可读性。而且在每回结尾的地方最好加个钩子,要让读者有种"哇!正看到精彩处就结束了,我还想继续看呢"的意犹未尽的不满足感。尤其是我们常常在结尾画大场面,之后把连载放一起读的话,反而会让人觉得卡顿,变得艰涩难读了。在做单行本的时候需要稍微改动连载的情节,就是要去掉这些地方。

在上一卷我已经写过《狼人传说》的主题，为了能充分表达主题，我给这个故事安排了两位主角。一个是名叫特平的狼人。人形时他是正直认真的好孩子；但当他变身为狼，无论多么残忍邪恶的事都做得出来。另外一个不会变身，却满不在乎地坏事做尽，如披着人皮的恶魔，他笃信强者才能在这个世界上活下去。这个少年名叫间久部绿郎（Makube Rokuro），这个名字是我模仿莎士比亚名剧《麦克白》里的恶魔国王麦克白（Macbeth）取的。我有时会在漫画里加入些成人才会懂的梗，让高中生和大学生也可以读我的漫画。

但是用这两个人做主人公的话，故事恐怕就过于灰暗了。我的漫画常常出现背负沉重命运的主角，故事走向往往十分阴郁。为此我会

连载漫画的最后一个场景要引人入胜。
（出自《狼人传说》）

设定几个开朗、活泼、搞笑的次要角色。《狼人传说》中就有特平的弟弟奇平和虫制作的手冢治虫。倒不是因为手冢治虫是好男人，我才让他出现在漫画里的。为了能让情节明快一些，那个叫手冢的男人可是吃了不少苦呢……

除此以外，《狼人传说》中还有各色各样的人物登场。每个角色在故事中的戏份都很重要，但大家的个性各不相同。如果出现的角色性情都差不多，读者看着看着容易厌烦，就体会不到故事的趣味性了。

"这家伙很有趣啊！""出现了一个奇怪的角色！"像这样可以给读者惊喜的人物绝对不是平面的。为了让角色的性格鲜活有趣，我们需要观察身边的朋友、老师以及邻居们。在你身边应该就有反派、衰仔、谐星等各种类型的人物才是。

虽然在儿童漫画（其实成人漫画也一样）里出场的男性角色或女性角色的人数往往不均衡，但为了吸引更多读者，必须让男角色、女角色都出场。可在少年漫画里通常不会出现很多女角色，而少女漫画里的男孩一般大眼睛长睫毛，连身材都像女孩一般纤细苗条。女漫画家比男漫画家更会画这种角色，所以不管故事有趣与否，女漫画家画的少女漫画都更受读者欢迎。

在《狼人传说》中有两个女孩出场。一个是照顾过绿郎的那家人的女儿。绿郎拐骗了她，跟她父母要赎金。另外一个是狼女，她变成狼形时被抓去了动物园，后被特平救了出来。

这两个女孩都跟特平的命运有重大关联。

无论故事有多长，你都必须在一开始就想好从头到尾的大纲。提炼大纲非常有必要。

我常收到读者寄来的投稿漫画，大多数就画个七八页，然后在后面写上"待续"。投稿漫画是要让漫画家看过后给意见的漫画作品，就这样"待续"了的话，还有什么可说的……这样只会让人觉得你画的时候不知道在想什么，嫌麻烦就不画了，故事也不会有什么后续。希望以后这样的漫画就不要拿给我看了。

总之，画长篇漫画要想好角色怎样、结局如何再起头，不然出场人物和故事都会变得混乱不堪，没办法再推动情节。我的漫画里出现那么多角色，从头至尾都不弄混、不弄错，就是因为一开头我就把角色和故事都定好了。常有人说"手冢有那么多连载，竟然都没有搞错过角色"，但如果这么明确规定好了再画，就不可能弄错。只不过瞌睡劲上来的时候，我确实会把阿童木画得像真一或特平。

故事的开场是序曲，也是全剧的起点。为了吸引读者，常常会采取一些特别的手法。用动作场面或风景开场都行，无论如何，一定要让人有一种"后面不知道会发生什么，想继续读下去"的兴奋紧张感。平淡的开篇、冗长的台词，可说不上是

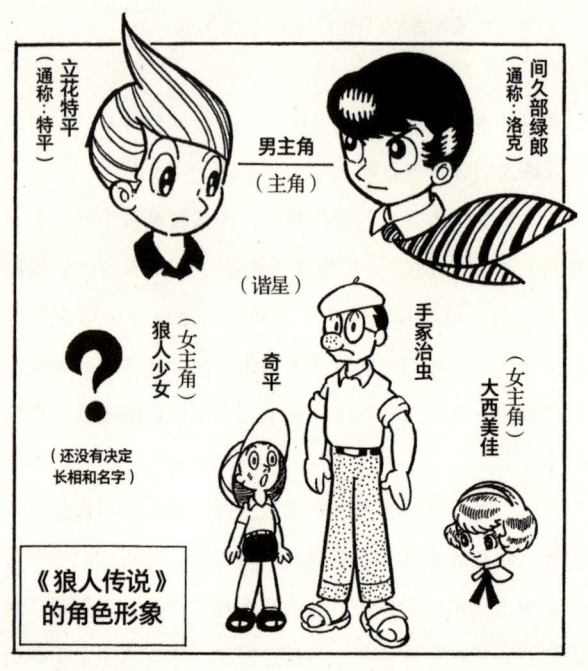

好的开头。

电视动画也是如此。不懂这一点的人做了电视动画的导演,就会看到让人觉得"好无聊"的故事了。

《狼人传说》的开篇本来画的是一位少年只身前往东京拜访虫制作的画面。我觉得这样实在没有魄力,就花了六页详细描绘了夜啼谷的某村落灭亡的故事。这样一来,开篇一下就充满了神秘感与恐怖感。

这是我念初中时的事。

班里有个同学外号叫"达摩"。达摩的后脑勺像锐角一般突出,活脱脱一个漫画人物。

某天中午的午休时间,达摩去学校食堂吃乌冬面。同一时间,级长在教室的黑板上画了身份证明书的表格,给我们讲解如何填写。

熊孩子们淘气,在姓名栏写上了"达摩",又在住址栏写了"天竺"。我也跟着凑热闹,在照片栏画上了达摩的大头像。就在这时,历史老师走了进来,我都没有注意到上课铃声已经响过了。历史老师人送外号"斩马",为人强势,鼻子会喷气。我想着"完蛋了",但来不及了,老师已经瞧见了达摩的头像。

"这个,哼,是谁画的?哼。"老师的鼻息开始发功了。实在没办法,我瑟缩着站了起来,老师的鼻子眼瞅着更大了。

"你,这是画的哪位老师的肖像?嗯?!"老师吼了起来。看来他似乎认为我在画某位老师的肖像。

这时也不知幸运或不幸,从餐厅回来的达摩恰巧唰地拉开了大门。大家哄堂大笑。达摩还以为大家笑他迟到,面红耳赤地走到斩马老师跟前,胡乱解释道:"那个,乌冬面太硬了……吃了好半天才吃完……"老师看着他的脸,忽然明白了:"唔嗯,画得还真像!"

大家再度爆笑。

达摩不可能不生气,他脸上一阵红一阵白,跟达摩玩偶似的(虽然达摩玩偶一般是红色的),额头青筋凸起,难掩胸中愤慨。那节课一结束,他就拳头紧握朝我冲了过来。我本想逃走,朝着教室出口飞奔,但是没能逃掉。

诸君切记,给朋友画漫画头像的时候,一定要万千小心。

战局愈演愈烈，我也被动员去了工厂。

有一次，我在宿舍二楼躲着画漫画，因为我正画到主角性命攸关之际，浑然忘我，明明空袭警报响了，我却只顾继续作画。突然，轰隆一声，天地像是要翻转过来，我这才意识到，现在我的处境可比主角还危险啊。

当时我已经画了六十页的原稿，就此舍弃太可惜了，但又不可能带去防空洞。我打算找个地方藏起来，心里嘀咕着难办，四处走来走去之时发现了一辆推土车。于是我将原稿放到了推土车下面。

防空洞里震动起来，跟地震一样又抖又晃。我悄悄探头往外一看，吓了一跳。那辆推土车竟然在地面震荡中滑动起来，我的原稿就那么赤裸裸地堆在推车轨道上！我尖叫一声朝原稿冲去。当时可能就是不顾死活了吧，我想各位应该能理解我的心情。

就在我眼前两米的地方，好像有什么落了下来，发出了一声巨响。无论如何还是谢天谢地，我一把抓住了原稿，冲回了防空洞。

队长被我的举动吓得眼珠子都要

飞出来了。他狠狠地教训了我，好在那时候外面炸弹声响成一片，我只看到队长嘴巴一张一合，倒一点都不可怕。

我是学医的。

当医生的第一课是要解剖人体。

我们跟加入敢死队一般走进解剖室，一进去就觉得毛发倒竖、头脑发蒙，全身直起鸡皮疙瘩。屋里摆满了一排排的尸体——是真的尸体。我简直不知道自己做了什么，稀里糊涂地度过了这段时间，就连中午吃的面包看上去都像是什么奇怪的东西。

太刺激了，这种刺激感要是画成漫画会是什么样？于是下课后我留在教室，一心想着当时的情景，快速在纸上移动着笔尖。成排的尸体、异样的场面、直到现在都好像在冲着我笑的尸体的面孔……总之，我把自己能画出的恐怖气氛都画了出

来。到这时都还好。直到我不经意环顾四周，周围已一片昏暗。我忽然想起一事，心中不由得一惊。

现在我所在的教室下面就是那个解剖教室！因为天色已晚，我要出去必

须穿过那个解剖教室才能走到出口!

事到如今我才开始后悔,在这儿画什么漫画!这下我必须要穿过那些牙齿凸出、骨瘦如柴的尸体群了,他们一定会笑嘻嘻地看着我诡笑的。一想到这个,我连路都走不动了。总之,我画漫画画得太投入,把我自己都吓怕了。

最终我下定决心,晚上就住在那间教室里了。但大概过了一个小时,我又很想去厕所,厕所却在解剖室的对面。我本想憋着,就到处晃悠,做别的事分心,但完全静不下心来。最后我憋得汗流浃背,还是横下心下了楼梯。到了楼下,我使尽全力向前疾冲!结果呢?一具尸体都没有!估计是管解剖室的老师把尸体收起来了吧。

啥?你问我当时画的漫画?事后想起来很不爽,就刺啦刺啦全撕碎了,估计碎片还留有一些。

我的漫画记

我在兵库县的宝冢画了六七年漫画后,因为常常要去东京,在东京也租了房子,半个月住兵库半个月住东京,十分不方便。为此,我必须在东京和兵库都准备好画漫画要用的工具,这自不用说,还要准备杂志和参考资料,什么东西都要两头备齐。受罪的还有出版社的编辑们。他们追在我的后面也得兵库、东京两头飞。有一次因为某些缘故,我瞒着大家去了九州,有的编辑就直接追我到九州。所有人都火冒三丈,把我好一顿骂。

我彻夜未睡。第二天,我拖着疲惫的身体去爬阿苏山,结果遇上暴风雪差点遇难,幸为编辑所救。救我的编辑名叫石井,责编过《莱欧物语》(集英社《有趣BOOK》附录别册)。他有句有名的口头禅:"……不是吗?"我画了许多有石井出场的漫画呢。

不知道为什么,有很多刚进公司不久的新人成了我的责任编辑。据说是因为做我的责编会吃足收原稿的苦头,之后不管再负责哪位作者都轻松愉快。

十年前可有很多有意思的编辑。比如《仙人掌小子》的责编村山(少年画报社),他是第一位帮我涂黑修稿的编辑(据说现在这样的情况已经很普遍了)。甚至还出现了一些新词,如"涂黑侠""涂白侠""画线侠(给原稿画墨线)"等。当然,那个时候也没有漫画助手。

村山常被别的编辑欺负,拿不到原稿时,他会坐在楼梯上号哭。如今他已经辞了出版社的工作,开了一家米店,做了老板。接替他当《仙人掌小子》责编的是福元。福元的有趣之处在于他既讨厌吃鱼吃肉,又讨厌蔬菜,还讨厌吃辣吃酸。吃炒饭时,他会特地在下单的时候注

我在《复眼魔人》中画的石井。
他的口头禅"……不是吗?"频繁出现。
现实中石井长得更帅些。

明"不要葱、不要肉、不要油"。什么都不要,他就只能吃白饭了。

有次我请福元喝了香浓可可,结果他因此得了盲肠炎。

现在福元已经成为漫画家,就是画《战斗吧,奥斯帕!》的伊奈塔卡西(福元一义)。

画《奥斯帕》是被逼的,福元不情不愿地接受了这项任务,你们试试把"伊奈塔卡西"[①]反过来读一下就知道了。

当然也有生性认真的编辑。

昭和二十七年(1952年)《少年画报》上连载的《仙人掌小子》片段,责任编辑是福元一义。

---

① 伊奈塔卡西原日文是"伊奈たかし",反过来读是"しかたない",意思是"没有办法,不情不愿"。

有一次画《少年BOOK》的稿子，实在太忙了，所以我干脆就把画好的稿子从这边的画室直接往隔壁编室扔了过去。编辑脸色铁青地告诫了我一番："手冢！我们到外面谈谈！对你来说原稿就是生命！你这么乱扔原稿太不像话了啊。"我连忙跟他道歉。

他是真为我好，我很感谢他。

反过来也有一些人欺人太甚被我画成了反面角色。我取了秋田书店的阿久津信道（Akutsu Nobumichi，《漫画王》主编）名字

昭和二十七年至三十四年（1952—1959年）《漫画王》上连载的《我的孙悟空》片段，当时的主编是阿久津信道。

《铁臂阿童木》片段，当时的责任编辑是桑田裕常务。

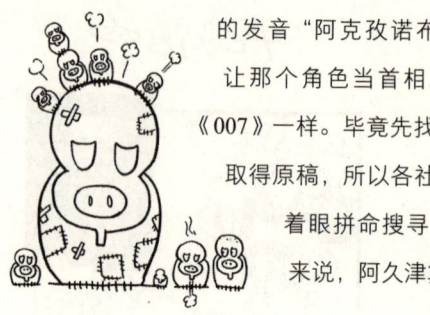

的发音"阿克孜诺布米奇"当作角色名,让那个角色当首相,大搞谍报战,跟拍《007》一样。毕竟先找到我在哪儿就可能先取得原稿,所以各社也跟搞谍战一样,红着眼拼命搜寻我的下落。从这点上来说,阿久津算是公司的好员工了。

还有的编辑在机场抓住我,就和我一起回大阪了,把我押到京都某犄角旮旯的旅馆内赶稿。

编辑把我画好的稿子用航空件寄回公司,收件人拿到后回办公室,却在电梯里偶遇其他出版社的编辑桑田裕。桑田裕不经意间瞥见了邮包地址,惊呼:"在这儿呢!"当即离开东京,第二天追到了我正想逃离的那家旅馆。桑田裕后来在虫制作的商业出版部担任重要职务。

有时候为了追我,两家出版社的编辑会凑巧搭上同一班飞机。

明明互相知道对方要去哪里却还得故作不知,也还蛮有趣的。

——— 助手卷 ———

以前漫画家是收弟子的。当然也有不收弟子的漫画家,可如果跟着一位好老师,弟子也有可能成为有名的漫画家。

田河水泡老师就非常擅长培养弟子。除了最有名的徒弟长谷川町子,他还栽培了多位知名漫画家,如杉浦茂、仓金章介、山根赤鬼、山根青鬼、泷田祐作。

说到弟子,总给人一种特别老派的印象,感觉就跟学徒一样,吃住都在老师家,领取微薄的薪水,跟着老师学习漫画。现在已经不叫弟子了,改称助手(assistant),能拿工资,自己租房,来老师家算上班。

有名的儿童漫画家一般会有四五个助手,有的漫画家自己已经不画画,全交给助手画。

我从没招过弟子,但有一些拿原稿给我看的年轻人真是漫画家苗子,我会让他们在我这里帮忙一到两年。不过我不会手把手教他,也不会跟他说什么画漫画的诀窍,他在帮忙画画的同时,会自然地明白漫画世界的奥秘。伤脑筋的是,有些人会因为来了我家而放宽心来,从此懈怠,毫无进步。

我想骂醒他们:"这样不行啊,看你画的什么烂画!"又怕起到反效果,对方会变得畏首畏尾。不过我相信从我这里独立出来的人,每个人都很努力地画出了很好的漫画。

在我还住在宝冢的昭和二十三年、二十四年(1948—1949年)之前,来拜访我的年轻漫画家基本上都是关西人。

东浦美津夫是农民家的孩子,水谷武子是京都托儿所的老师。过年的时候,水谷还化装成京都舞伎的样子来拜年,真是吓我一跳。

藤子不二雄也是那时候来我家的。当时他们还是穿着学生制服、行为举止小心翼翼的少年。后来我也请藤子帮过忙。为了画《漫画少年》上《森林大帝》的大结局,他们特

藤子不二雄帮忙绘制的《森林大帝》的一部分。

地赶到旅馆里帮我画了暴风雨的场景。之后藤子二人搬到了我住的常磐庄。两边住得那么近，我更常找他们来帮忙。

石森章太郎那时也是学生，我也请他帮过忙。我请他帮忙绘制了《铁臂阿童木》中的一卷《电光人之卷》。在旅馆画着画着，到了石森要回老家的时候，我就让他把其中一部分画稿拿回家画。我本来打算的是他画背景，我来画人物，结果收到他从老家寄回的画稿一看，他把背景和人物全画好了，所以这一卷的一部分出自石森的手笔。

当时还默默无闻的小泽晓也帮忙绘制过《虹之堡》（在《好朋友》杂志上连载）。

横山光辉还是新人时也来帮过忙。他帮忙绘制过《铁臂阿童木》中的《美土路沼泽事件》，还做过洛克系列和《黄金都市》的代笔。

有位来自会津若松地区的少年每月都给我寄百来页的漫画稿，如此持续了一年，我被感动了，邀请他来东京帮忙。他在

石森章太郎帮忙绘制的《铁臂阿童木》中《电光人之卷》的一部分。

横山光辉帮忙绘制的《铁臂阿童木》中《美土路沼泽事件》里的一格。

我这里待了五年独立了出去，是很少见的擅长画搞笑题材的高手。他叫笹川博，现在是龙之子工作室的制作部长。

现在担任电视动画《森林大帝》副导演的永岛慎二也帮忙绘制过《丹下左膳》。

昭和三十二年、三十三年（1957—1958年）时，我家真是热闹不已。篠田英男、古谷三敏、井上英冲、平田昭吾、宫腰义胜等年轻的漫画家如雏鸟般欢聚一堂。

我觉得其中首屈一指的天才还是《狼少年肯》的作者月冈贞夫，他在绘画方面的才华真的是万里挑一。现在他已是一流的动画师了，和我一起制作过虫制作推出的电视动画《缎带骑士》。

永岛慎二帮忙绘制的《丹下左膳》中的一格。

我是漫画家

《我是漫画家》解说

手冢治虫生前写的唯一自传就是这本《我是漫画家》。

最初的单行本是由每日新闻社于1969年5月出版发行的，大和书房于1979年3月再版，在主书名《我是漫画家》后加了副书名《手冢治虫自传第一部》。据说这是手冢自己的要求，手冢当时打算写续篇，还跟责任编辑约定"两年内写好"，但《自传第二部》到底还是没能完成。

《我是漫画家》之后也几经重版，旧版绝版之后，1996年2月改书名为《手冢治虫散文集1》，收录到讲谈社的《手冢治虫漫画全集》中。2000年6月又以《我是漫画家》的书名由角川书店出版发行了文库本。每日万子社于2009年发行合订本，还附上了手冢治虫1946年完成的漫画处女作《小马日记》。

此次的新版加上了1964年11月至1966年11月连载于《铁臂阿童木俱乐部》上的、手冢的图文回忆录《我的漫画记》。这部回忆录于2008年被朝日新闻社编入《昭和名作漫画系列》，并以《我的漫画记》为书名发行了单行本。因为是从杂志上复刻下来的，所以插画上出现了明显的磨损。本书中的插画使用了现存的原画，和《我是漫画家》的内文对照阅读，我想读者们应该可以进一步理解当时手冢倾注于创作中的想法吧。

滨田高志（本书日本版责任编辑）
2016年6月

手冢治虫年表

昭和三年（1928年）十一月三日，大阪丰中市，手冢粲、手冢文子的长子出生，起名为"治"。

昭和八年（1933年），五岁——搬到现在的兵库县宝冢市御殿山。

昭和十二年（1937年），九岁——热衷于昆虫采集。读了平山修次郎的《原色千种昆虫图谱》，认识了步行虫，为自己取笔名"手冢治虫"。

昭和二十一年（1946年），十八岁——出道作四格漫画《小马日记》开始在《少国民新闻》（后来的《每日小学生新闻·大阪版》）上连载。

昭和二十二年（1947年），十九岁——和酒井七马合作出版长篇漫画《新宝岛》。该书多次再版，狂销四十万册。

昭和二十五年（1950年），二十二岁——偶然结识了来学童社拜访的加藤谦一（《漫画少年》主编），开始在《漫画少年》上连载《森林大帝》。

昭和二十六年（1951年），二十三岁——在《少年》上连载《阿童木大使》。

昭和二十七年（1952年），二十四岁——移居东京工作，住在新宿四谷。开始连载《铁臂阿童木》。

昭和二十八年（1953年），二十五岁——搬到东京丰岛区椎名町常磐庄。开始在《少女俱乐部》上连载《缎带骑士》。

昭和二十九年（1954年），二十六岁——搬到东京丰岛区杂司谷林荫公寓。

昭和三十三年（1958年），三十岁——《小蜜蜂》《漫画生物学》获第三届小学馆漫画奖。受东映动画之托，担任动画《西游记》的剧本统筹。

昭和三十四年（1959年），三十一岁——十月，与冈田悦子结婚，搬到新家东京涩谷区代代木初台。《铁臂阿童木》改编为真人连续剧。

昭和三十五年（1960年），三十二岁——在东京练马区富士见台盖了新房。与北杜夫合作，担任东映动画《辛巴达历险记》的剧本统筹。

昭和三十六年（1961年），三十三岁——通过研究田螺精虫在奈良医科大学取得医学博士学位。六月，手冢治虫制作公司动画部成立（次年十二月更名为"虫制作股份公司"）。八月，长子手冢真诞生。

昭和三十七年（1962年），三十四岁——完成实验动画《某个街角的故事》。十一月，在银座雅马哈音乐厅召开"虫制作"第一次作品发布会，放映了动画《雄性》和《铁臂阿童木》第一集。

昭和三十八年（1963年），三十五岁——一月，在富士电视台开播日本首部电视动画《铁臂阿童木》，取得了很高的收视率。九月，以 *Astro Boy* 之名在美国 NBC 播出。后陆续在英国、法国、德国、澳大利亚、台湾地区、香港地区、泰国、菲律宾等国家和地区播出。《某个街角的故事》获得艺术祭奖励奖、每日电影奖大藤信郎奖、蓝丝带教育文化电影奖。

昭和三十九年（1964年），三十六岁——作为《产经新闻》的特派员到纽约参加世博会，见到了沃尔特·迪士尼。四月，长女留美子诞生。

昭和四十年（1965年），三十七岁——因《铁臂阿童木》受到厚生大臣表彰。八月，到美国、欧洲旅行，参观了UPA制作公司、汉纳-巴伯拉制作公司等。十月，富士电视台开播日本首部彩色电视动画《森林大帝》。

昭和四十一年（1966年），三十八岁——《森林大帝》获得电视台记者会特别奖。十一月，完成实验动画《展览会的画》。

昭和四十二年（1967年），三十九岁——开始在杂志COM上连载《火鸟》。创刊《展览会的画》获艺术祭奖励奖、每日电影奖大藤信郎奖、蓝丝带教育文化电影奖、亚洲电影节动画奖。剧场版《森林大帝》获威尼斯电影节银狮奖。《新森林大帝：冲吧！雷欧》获日本电视影片技术奖。参加漫画集团的环球旅行，参观了蒙特利尔世博会。

昭和四十四年（1969年），四十一岁——六月，长篇动画电影《一千零一夜》上映，广受好评。同月，二女儿千以子出生。

昭和四十五年（1970年），四十二岁——《火鸟》获讲谈社出版文化奖。

昭和五十年（1975年），四十七岁——《佛陀》《动物徒然草》获文艺春秋漫画奖。《怪医黑杰克》获日本漫画家协会奖特别优秀奖。

昭和五十二年（1977年），四十九岁——《三目童子》《怪医黑杰克》获讲谈社漫画奖。六月，讲谈社开始出版全三百卷的《手冢治虫漫画全集》。光文社出版了首部漫画教学集《谁都可以画漫画！手冢治虫大师班》，大和书房出版了首部随笔集《手冢治虫的世界》。

昭和五十三年（1978年），五十岁——八月，手冢动画制作了第一部二小时特别电视动画《班达之书》，在日本电视台放映。《火鸟：黎明篇》由东宝改编为电影。职棒西武狮子队采用森林大帝雷欧的形象作为队标。出任新成立的日本动画协会第一任会长。

昭和五十五年（1980年），五十二岁——三月，长篇动画《火鸟2772》在东宝院线上映。该作还获得了拉斯维加斯影展动画部门奖、圣迭戈漫展墨水瓶奖。出任日本国际交流基金的漫画大使，到联合国总部以及全美的大学发表关于现代日本漫画文化的演讲。中国的电视台开始播放旧版《铁臂阿童木》动画。

昭和五十六年（1981年），五十三岁——三月，由三丽鸥映画制作的动画电影《神奇独角马》上映。《怪医黑杰克》由朝日电视台改编为连续剧。

昭和五十八年（1983年），五十五岁——七月，"手冢治虫四十年展"开展。同月，《铁臂阿童木》获日本文化设计奖。

昭和五十九年（1984年），五十六岁——《向阳之树》获小学馆漫画奖（青年向及一般向）。三月，完成实验动画《跳跃》。该作荣获联合国教科文奖。十月，讲谈社《手冢治虫漫画全集》全三百卷出版完毕。

昭和六十年（1985年），五十七岁——因出道四十周年及《手冢治虫漫画全集》出版完毕，获讲谈社漫画奖特别奖。四月，完成实验动画《破胶片》，该作获第一届广岛国际动画电影节大奖、瓦尔纳国际动画电影节类型片最优秀奖。因多年在动画事业上的功绩，在第一届东京国际电影节的动画嘉年华上受到表彰。被授予东京荣誉市民称号。

昭和六十一年（1986年），五十八岁——《三个阿道夫》获讲谈社漫画奖（一般向）。

昭和六十二年（1987年），五十九岁——随笔《看动画、拍动画》获电影旬报爱读者奖。

昭和六十三年（1988年），六十岁——因在战后漫画及动画领域的创造性工作获得朝日奖。四月，手冢动画制作部搬往埼玉县新座市的新工作室。十一月，担任第一届上海国际动画电影节国际评委。

平成元年（1989年）二月九日，因胃癌去世。

图书在版编目（CIP）数据

我是漫画家/（日）手冢治虫著；晓瑶译. -- 北京：
北京联合出版公司，2021.4（2024.3 重印）
ISBN 978-7-5596-4796-2

Ⅰ. ①我… Ⅱ. ①手… ②晓… Ⅲ. ①手冢治虫—自传 Ⅳ. ① K833.135.72

中国版本图书馆 CIP 数据核字 (2020) 第 248816 号

ぼくはマンガ家 by Osamu Tezuka
© 2021 by Tezuka Productions
All rights reserved.
ぼくはマンガ家 was published by The Mainichi Newspapers Co., Ltd in Japan in 1969.
Chinese translation rights arranged with Tezuka Productions
through The Tohan and Rittor Music.

本书简体中文版出版权归属于银杏树下（北京）图书有限责任公司。

我是漫画家

著　者：[日]手冢治虫	译　者：晓　瑶
出品人：赵红仕	选题策划：后浪出版公司
出版统筹：吴兴元	特约编辑：蒋玉茗
责任编辑：夏应鹏	营销推广：ONEBOOK
装帧制造：墨白空间·巫粲	

北京联合出版公司出版
（北京市西城区德外大街 83 号楼 9 层　100088）
河北中科印刷科技发展有限公司印刷　新华书店经销
字数 148 千字　787 毫米 × 1092 毫米　1/32　12.25 印张
2021 年 4 月第 1 版　2024 年 3 月第 4 次印刷
ISBN 978-7-5596-4796-2
定价：74.00 元

后浪出版咨询(北京)有限责任公司　版权所有，侵权必究
投诉信箱：editor@hinabook.com　fawu@hinabook.com
未经书面许可，不得以任何方式转载、复制、翻印本书部分或全部内容
本书若有印、装质量问题，请与本公司联系调换，电话 010-64072833